JAVIER GASPAR

12+1 FAROS para una vida con sentido

Un método/libro para encontrar tu rumbo

Segunda edición

Ediciones Corona Borealis

12+1 FAROS para una vida con sentido. Un método/libro para encontrar tu rumbo - Javier Gaspar

Avda. Gregorio Prieto, 19 A
29010 Málaga
Tlf. 0034-951336282
www.coronaborealis.es

Maquetación editorial: Georgia Delena
Diseño de cubierta: Sara García

ISBN: 978-84-124241-5-7
Depósito Legal: MA 1197-2021

Primera edición: mayo 2021
Segunda edición: octubre 2021

Printed in Spain - Impreso en España

“Tu tarea no es buscar el amor, sino simplemente buscar y encontrar todas las barreras dentro de ti que has construido contra él.”

Rumi

“El viajero que no tiene un punto de referencia se siente impotente y se desalienta. Pero, en cuanto el polo aparece, la brújula se orienta hacia el norte, y el que se sentía perdido sabe qué dirección tomar, lo cual da sentido a cada uno de sus pasos”.

Matthieu Ricard

“El mundo hay que fabricárselo uno mismo, hay que crear peldaños que te suban, que te saquen del pozo. Hay que inventar la vida, porque acaba siendo verdad.”

Ana María Matute

“Si enciendes una luz para alguien, también iluminarás tu camino.”

Buda

Índice

Prólogo

Me gusta sentir que la comunicación es una vía de expresión certera, una manera de crear, de motivarnos, de compartir, de estimularnos unos a otros, al final es la herramienta que nos mantiene unidos y cierto es que tan importante es la comunicación como el hecho de querer comunicarse, y con Javier esto nos une.

Cuando recibes una llamada de Javier, algo está pasando, quienes le conocemos sabemos que una nueva idea le ronda por la cabeza, una idea que incluye a los demás, una idea que se convertirá en algo que sumará socialmente. Javier ha transitado estos últimos 5 años haciendo resonar su conciencia, sus valores, sus aprendizajes y cuando piensa en el futuro encauza su energía para expandir el bien a la sociedad.

Conocí a Javier en enero del 2018, en la XXII Gala Solidaria que organizamos en Barcelona. Esta Gala forma parte de la materialización de un sueño basado en la solidaridad y la colaboración, el motivo de la misma es la recaudación de donaciones para varias ONG con las que colaboramos habitualmente desde Tarannà Viajes con Sentido. Al cabo de dos días recibí una llamada suya. Me impactó por su calidez y su calidad como ser humano, comentaba que su asistencia a la Gala le había transformado, sobre todo ver a más de 1000 personas en un evento altruista repleto de generosidad .Me confirma la idea de que las cosas nunca suceden por casualidad y que todos somos un espejo donde proyectamos y crearnos. Cuando algo se rompe o se quiebra, es para mostrarnos algo más profundo que escondemos en nuestro interior, es el inicio de un nuevo comienzo.

En aquella llamada telefónica, Javier y yo comentamos a cerca de la magia del vivir que nos hace cruzarnos en el camino a las personas o «maestros» adecuados para continuar. Como dijo un *sensei* japonés *«la suerte se disfraza de desgracia y con el tiempo lo visualizamos».* Cuando algo se rompe, algo nace, aunque tardemos tiempo en apreciarlo - ya que la sabiduría llega con los años- cuando miras atrás, aprecias que todo lo sucedido está repleto de sentido.

Javier me compartió la idea de vincular sus relatos de manera simbólica a una serie de faros que simbolizan en su libro las cualidades que como ser humano ha desarrollado para transitar su nueva vida. Me pareció muy acertada esta comparación con un faro, siempre mirando al todo, estático, fuerte, con luz en la oscuridad.

Todos en estos tiempos de Covid estamos viviendo un cambio, al que no hay que temer, la naturaleza en su sabiduría nos da numerosos ejemplos, me gusta apreciar el caso de una pequeña oruga a la que le crecen alas después de una temporada de aislamiento, así la vida en ocasiones detiene nuestros pies solo para que descubramos que tenemos alas y si estas alas las ofrecemos al mundo, el vuelo es imparable. Javier es de estas personas que no dicen lo que va hacer, sino que las hace y haciéndolas se dicen solas.

Me gustaría terminar con una frase que conozco desde muy joven y que me impactó profundamente: *«Dios dame la serenidad para aceptar las cosas que no puedo cambiar; valor para cambiar las cosas que si puedo y sabiduría para conocer la diferencia»*. Esta frase refleja el contenido que Javier expone en este libro y a través de los doce Faros. Javier se «desnuda» para todos nosotros, para compartir. Viajemos rápidamente hacia el primer faro y disfrutemos de lo que sintamos en nuestro interior.

Ferran Marti

Director General - Tarannà viajes con sentido

El Gran Leñazo

Fue el 4 de diciembre de 2017. Ese día pasó algo que cambió mi vida para siempre. Yo lo llamo el Gran Leñazo, más adelante verás por qué. Fue un golpe duro, pero también un amanecer, el inicio de una nueva vida. De hecho, estoy seguro de que si no me hubiera pasado aquello ahora no estaría aquí, hablándote. Y digo hablándote porque aunque esté escribiendo para mí es como si te tuviera delante y hablara contigo.

Ese día amaneció como tantos otros, con la única diferencia de que me desperté en Berlín en lugar de hacerlo en Benalmádena, donde vivo. Estaba allí con mi mujer y mis dos hijas pasando el puente de la Constitución. Aquel día fuimos a visitar el Museo Judío. Habíamos pensado en visitar un campo de concentración, pero nos pareció demasiado fuerte para las niñas, que tenían en aquel momento siete y trece años.

El Museo Judío es un edificio impactante. Visto desde el aire tiene forma de rayo y desde tierra es un edificio de paredes metálicas con pocas aberturas y de forma irregular. En el interior se explica la historia de los judíos que vivieron en Alemania durante los últimos dos mil años, pero sobre todo se percibe el vacío que dejaron los judíos desaparecidos durante el Holocausto.

En un momento de la visita decidí bajar a una especie de foso con unos pasillos grises muy largos que recrean simbólicamente los búnkeres de la Segunda Guerra Mundial. Mi mujer y mis hijas se quedaron arriba, no queríamos que se sintieran demasiado impactadas por aquel espacio triste y un poco tétrico. Curiosamente no había nadie en aquella planta, aunque el resto del museo sí estaba lleno de visitantes. Miré a ambos lados del larguísimo pasillo en el que estaba y de pronto me sentí terriblemente raro. Me invadió una sensación de soledad radical, profunda, terrible. A continuación sentí en mi cuerpo un dolor insoportable que identifiqué con el sufrimiento de los millones de asesinados durante el Holocausto. Escuché en mi mente sus gritos pidiendo auxilio cuando los llevaban a las cámaras de gas y me entró un miedo horroroso. Empecé a hiperventilar y a sentir que me ahogaba. No podía andar, no podía gritar, no podía pedir ayuda. Después sentí un vacío brutal, vertiginoso, como si una manada de lobos se llevara mis entrañas y me quedara sin alma.

Así estuve veinte minutos, paralizado, pensando que me moría, sintiendo ese espantoso dolor, esa especie de agonía que me pareció eterna. Nadie podía auxiliarme porque estaba solo y ni siquiera tenía energía para pedir ayuda. Temí por mi integridad física.

Días después supe que había tenido un ataque de pánico en toda regla, pero en aquel momento no tenía ni idea de lo que me pasaba. Lo único que sabía es que, milagrosamente, al cabo de un rato volvía a estar bien y podía moverme, había recuperado el aliento y podía respirar con normalidad. Así que me reactivé y subí en busca de mi mujer y las niñas. Supongo que me vieron llegar con la cara desencajada y se asustaron, porque mi mujer enseguida preguntó:

- ¿Pero qué te ha pasado?

- Pues que me he puesto muy malo, me ha faltado la vida.

- ¿Y por qué no me has llamado?

- Si no podía ni moverme, cómo te voy a llamar.

- ¿Quieres que vayamos a algún lugar a que te miren?

Lo curioso de los ataques de pánico es que cuando pasan vuelves a estar como antes. Parece que no ha pasado nada. No queda ni siquiera un pequeño dolor residual. Así que mi respuesta fue que no, que no hacía falta, que ya se me había pasado el jamacuco y estaba bien.

"Sentí un vacío brutal, vertiginoso, como si una manada de lobos se llevara mis entrañas y me quedara sin alma."

Pero en realidad no se me había pasado. Durante los tres días siguientes sucedió algo todavía más extraño: tuve un brote de euforia, una elevación de consciencia brutal. Sentía que tenía que salvar al mundo para que no volviera a vivir un holocausto como el de los judíos. Me creía una especie de iluminado, de salvador. Sentía el amor universal saliendo por todos los poros de mi cuerpo, una compasión que, salvando las distancias, me imagino que es la que debía sentir Jesucristo en su momento. No paraba de hablar (más de lo habitual, que ya es decir), sobre todo de la Humanidad y de lo que había que hacer para salvarla. Y me costaba horrores conciliar el sueño, como si estuviera dopado o drogado.

Mi mujer, claro, se asustó. Pensó, y con razón, que se me había ido la cabeza (o la perola, como digo yo). Así que, cuando regresamos a Málaga, me dijo:

- Mira, llégate al psicólogo que te eche un vistacillo a ver qué te dice.

Hablé con una amiga mía psicóloga y me recomendó que visitara a un colega suyo psiquiatra. Aquel hombre me diagnosticó un ataque de pánico con síndrome postraumático. Me recetó una pastillita para que bajara de vueltas, porque yo iba a 7000 revoluciones, pero aquello, en vez de ayudarme, me noqueó más que un gancho de Mike Tyson en sus buenos tiempos. Yo, que soy una persona entusiasta y dicharachera por naturaleza, que voy todo el día enchufado como una bombilla de 10.000 watios, empecé a perder mi alegría, mi ánimo, mi energía.

Me sumí en una oscuridad profunda. No entendía nada. ¿Por qué me pasaba aquello si yo tenía una familia fantástica, los negocios me iban bien, llevaba una vida desahogada, estaba bien de salud y hasta ese momento me levantaba cada día con energía e ilusión? ¿Qué me estaba pasando?

Me sentía desolado y confuso. Me parecía que mi vida no tenía sentido y fui cayendo en una depresión. Con el 2% de batería que me quedaba hacía lo mínimo para sobrevivir: atender mi negocio inmobiliario y estar mínimamente pendiente de la familia. Seguí trabajando, pero lo justo y con mucho esfuerzo, porque no tenía ganas de nada y había perdido por completo la claridad mental. Así estuve varios meses, haciendo un esfuerzo titánico cada día para salir de la cama. Y sufriendo, porque sentía que me estaba apagando paulatinamente y no encontraba la manera de salir adelante. Me sentía perdido y muy confuso.

Hasta que un día de verano, volviendo a casa después de una visita comercial en Marbella (a la altura del faro Calaburras), sentí que me faltaba el aliento de vida y paré el coche en el arcén. No encontraba una salida, un camino, estaba completamente perdido y no me quedaban fuerzas. Y entonces me rendí. Bajé del coche, abrí los brazos en cruz y le dije a Dios (aunque podía haber sido simplemente el Universo, el Creador o la Vida, según las creencias de cada cual): "Me rindo, ya no puedo más. Me entrego a ti. Dime qué debo hacer y lo haré".

Por supuesto, Dios no me respondió ni me dijo lo que tenía que hacer, pero, curiosamente, a partir de aquel momento llegó el alivio. Encontré paz interior, calma. Desde ese día y progresivamente empecé a sentirme mejor, a estabilizarme y a verlo todo claro. Empecé a practicar el desapego, a quitarme relaciones tóxicas, a sanear un montón de cosas y a descubrir que tenía dones y talentos dormidos. Se completó mi metamorfosis kafkiana y nació un nuevo Javier. Un Javier entregado a los demás, entregado a la vida. Y poco a poco encontré de nuevo mi rumbo, mi sentido.

"No encontraba una salida, un camino, estaba completamente perdido y no me quedaban fuerzas.

Y entonces me rendí."

Aquel episodio de Berlín y lo que vino después fue mi Gran Leñazo, como lo bauticé luego. Fue el tortazo que me dio la vida para obligarme a parar, a mirar en mi interior y encontrar mi esencia, lo que vibra conmigo.

Cuando sucedió tenía 45 años, tres menos que en el momento de escribir estas líneas. Mi vida era, aparentemente, maravillosa. ¿Por qué me pasó justo en aquel momento? Yo lo veo como un despertar a la conciencia. Estaba resistiéndome a mi proceso espiritual hasta que aquel día, en el Museo Judío, en aquellos pasillos que transmitían de forma misteriosa el horror del Holocausto, se me expandió el corazón. Mi mente, sin embargo, no estaba preparada para conectarse con esa emoción tan fuerte, así que me sentí superado, desbordado, literalmente perdido.

Sin embargo, aquella catarsis fue en realidad el inicio de una maravillosa transformación, el nacimiento a una nueva vida, mucho más plena y auténtica. Ahora siento que soy totalmente yo y estoy totalmente en mi camino. Antes tenía una vida aparentemente buena, pero no me sentía satisfecho. Notaba un vacío interior que al final se hizo tan grande que no pude ignorarlo e implosioné. Y a partir de ahí hice un proceso de introspección, de búsqueda interior. Fue como una prueba de vida, un despertar. Empecé a tomar conciencia de las cosas verdaderamente importantes de la vida, de lo esencial. Y así encontré los faros que me devolvieron el rumbo y dieron un nuevo sentido a mi vida. Ahora ya no siento ansiedad, simplemente fluyo y escucho a mi corazón.

¡Me siento más libre y pleno que nunca!

El hervor de la gamba

¿Sigues aquí? ¡Qué bien! Me encanta tu compañía. Me encanta que me des la oportunidad de aportar un poco de luz a tu vida con mis palabras. No hay nada que me pueda hacer más feliz que ayudar, que ayudarte.

Antes de seguir me gustaría aclararte una cosa. El objetivo de este libro no es hablarte de mí. En realidad, he tenido que hacer un esfuerzo para explicarte mi proceso, pues lo que me gustaría en realidad es tenerte delante y que me explicaras cómo estás. Si lo he hecho es porque me consta que muchas personas se sienten perdidas en algún momento de su vida y necesitan ayuda para encontrar su camino. Y creo, humildemente, que mi proceso de despertar espiritual puede resultar inspirador y útil a esas personas, en especial a las que sienten un gran vacío en su interior como el que yo sentí.

Me gustaría, de alguna forma, ahorrarte sufrimiento. Después del jamacuco de Berlín mi camino hasta hoy no ha sido sencillo. Ha sido un largo y doloroso proceso de crecimiento personal en el que a ratos me he sentido hundido y a menudo perdido. En estos tres últimos años he leído más de cien libros y he visto cientos de conferencias sobre crecimiento personal. Como te comentaba antes, soy un obseso del aprendizaje, de la mejora continua, y seguramente eso me ha ayudado a buscar en otros la ayuda que necesitaba y que ahora te ofrezco a ti.

Quiero aclararte también que no estoy aquí para evangelizarte ni convencerte de nada. Puedes dejar de leer en cualquier momento, faltaría más. Yo simplemente trato de explicarte mi vivencia, de transmitirte un poco de generosidad y de afecto en un mundo que está falto de ambas cosas. No te hablo desde las alturas del gurú, sino desde la honestidad y sencillez de un compañero de viaje, de un amigo.

Toma de este libro lo que creas que puede servirte, no más. No se pueden forzar las cosas, lo sé por experiencia. Tras mi despertar me empeñé en convencer a las personas de mi entorno de que tenían que vivir su propio despertar espiritual. Me sentía como un pescador de almas, como un predicador. Creía, iluso de mí, que era tan fácil como darle a un interruptor. Pero descubrí que no, que sólo se puede ayudar por inspiración, nunca por adoctrinamiento. Y acepté que lo único que puedo hacer es, a través de mi historia y de mi propio ejemplo, irradiar algo de luz para que algún día, cuando alguien me vea radiante, se acerque y me diga: "Oye, estás muy bien, ¿cómo lo haces?".

Esto es lo trato de hacer desde que aquella tarde de verano, en el camino de vuelta a Benalmádena desde Marbella, sentí que me faltaban las fuerzas, paré el coche en el margen y me rendí. Desde entonces he centrado mi vida en la generosidad. He montado un gastrobar cuyos beneficios van destinados íntegramente a obra social; he creado una galería de arte solidaria; he reorientado mis negocios hacia la responsabilidad social corporativa permanente; he cofundado una asociación de empresarios con corazón en Málaga; y de cara al futuro, además de este libro, me gustaría producir una obra de teatro y una película, y algunas cosas más.

Lo mejor de todo, sin embargo, es que ya no tengo ansiedad. Tengo muchas ganas de hacer todo lo que te acabo de explicar, pero sin expectativas ni necesidad de aplauso. Todo surge natural, desde la buena intención, el cariño y el amor. Siento una enorme paz interior y un equilibrio que, dentro de mi carácter intenso y apasionado, me permite afrontar las vicisitudes de la vida con calma, estabilidad y armonía.

¿Hace falta una catarsis como la que viví en Berlín y durante los meses posteriores para alcanzar este estado y vivir en plenitud? Me gustaría pensar que no, por eso escribo este libro, para que no tengas que llegar a ese extremo, para que encuentres antes tu esencia y si en algún momento te despistas puedas retomar tu rumbo rápidamente y sin sufrir.

En realidad todo es muy sencillo: basta con vivir dando las gracias cada día, dando amor y recibiendo amor. El caso es que nos perdemos, nos despistamos, nos desorientamos. Hay tantos estímulos ahí fuera que acaban por arrastrarnos y llevarse nuestra energía, mental, física y espiritual. Entonces nos olvidamos de nuestra esencia y nos convertimos en unos neuróticos, cada uno con su paranoia buscando encajar en un mundo de egoísmo. Pero nunca vas a poder encajar en un mundo de egoísmo porque tú estás hecho/a de amor incondicional.

No nos damos cuenta porque sucede poco a poco: vamos acumulando basura mental y al final perdemos la claridad y el norte. La vida, que es la gran maestra, nos va poniendo pruebas y nos va enviando mensajes para que volvamos a nuestra esencia, pero somos unos aprendices torpes y, como estamos inmersos en el ruido mental, no la escuchamos. Es como el colesterol: va entrando poquito a poco y al final no hay vena.

La cuestión es que vivimos distraídos, en la entropía, en el limbo. La mayor parte de las personas se pasan la vida quejándose y deseando, deseando y quejándose. ¿Pero en realidad necesitan algo? ¿Acaso no tienen la tierra y sus cuatro elementos, un cuerpo y sus cinco sentidos, el sentido común y el libre albedrío? ¿Qué les falta? Te lo diré con humor malagueño: lo que les falta es un hervor, como a las gambas. Al final, si con suerte consiguen recuperar la conciencia y recordar quienes son, si consiguen entrar en el mundo de la paz interior y la calma, abrirán mucho los ojos y dirán: "¡Dios mío! ¿Qué he estado haciendo?". Pues eso: han estado haciendo el gamba.

Los seres humanos divagamos hasta que nos reencontramos con nuestra esencia y entramos en el mundo de la conciencia plena. Entonces nos damos cuenta de que hemos estado viviendo en una paranoia mental. Somos los únicos seres vivos que no vivimos conforme a nuestra naturaleza. El gato vive como un gato y el árbol vive como un árbol, pero nosotros nos perdemos en un maremágnum de egoísmo, estatus, materialismo, comparación y desconfianza. En la escuela (al menos cuando yo fui) no nos enseñan a tener pensamiento crítico, a conocernos, a explorarnos, a ser como nos pida el cuerpo y a dotar de sentido y coherencia nuestra vida. Y cuando caemos en la ansiedad y la depresión, la sociedad normalmente nos aparta o nos da una pastillita para que no molestemos.

La soledad del buscador de sentido es terrible. Por eso quiero acompañarte en el camino. No para indicártelo, sino para que no te sientas solo/a.

"En realidad todo es muy sencillo: basta con vivir dando las gracias cada día, dando amor y recibiendo amor. El problema es que nos perdemos, nos despistamos, nos desorientamos."

El porqué y el para qué de este libro

Este es, por tanto, un libro de ayuda para los guerreros y guerreras que han decidido descubrir su verdad a pesar de un entorno que les empuja en otra dirección: la del egoísmo, la del miedo y la de la inconsciencia. El porqué de estas páginas, de esta conversación contigo, es mi deseo de acompañarte en ese camino y ser capaz de alumbrar alguno de tus pasos.

Te invito a que lo leas sin prisas. Como dice la frase de Ortega y Gasset: "Camina lento, no te apresures, que el único lugar a donde tienes que llegar es a ti mismo". Sólo tienes que parar un momento, despojarte de tus disfraces y sentir el instante. Aparcar el ego y dejar de esforzarte por demostrar que eres valioso/a... ¡porque ya lo eres! Todos somos valiosos por el simple hecho de haber nacido. Todos somos únicos y genuinos. Tu nacimiento, como el mío, fue un milagro. Desde que naciste lo tienes todo ganado, sólo tienes que vivir en paz, evitar conflictos y buscar zonas donde puedas florecer. No hace falta que le pidas nada a la vida, porque, sea cual sea tu circunstancia, ya tienes todo lo que necesitas para ser feliz.

No hay, por tanto, secretos ni atajos ni píldoras mágicas. El único camino es esforzarte un poquito por analizar lo que falla en tu vida e implementar cambios en ti. No mires afuera, no eches la culpa al entorno ni a los demás. Analiza qué estás haciendo tú mal, porque ahí tienes la solución.

¿Cómo puede ayudarte este libro a hacer esto? Te lo diré. Después de la crisis de Berlín empecé a leer como un loco buscando una explicación a lo que me estaba pasando. Devoré libros y más libros de crecimiento personal, filosofía (occidental y oriental), psicología, neurociencias y humanidades en general. Fui a la raíz del conocimiento. Y así, aprendiendo de otros y de mi propia experiencia, descubrí los 12 faros que te explicaré a continuación, algunos de los cuales ya estaban de forma latente en mí.

Cada faro, como verás, es un valor, una premisa de vida para que cuando te pierdas en la tempestad de la mente puedas encontrar de nuevo claridad. Conocer bien la mente es una de las claves para no extraviarse. Cuanto más dueño seas de tu mente, menos te afectarán las vicisitudes de la vida, por otra parte inevitables.

Cada faro, además, es una fuente de energía de la que te puedes alimentar para enchufarte de nuevo a la vida cada vez que sientas que te faltan las fuerzas. Porque cuando te falta energía es cuando te alejas de esos faros, de esas fuentes de luz. No busques sustitutos, porque eso no funciona. Te dará una falsa sensación de energía, pero luego caerás más abajo.

La vida es un milagro y todos podemos vivir conectados a la alegría. El problema es que a veces desconectamos de la fuente. Mi humilde pero ambiciosa ilusión es lograr que te entusiasmes de nuevo, que viajes a tu interior y te despojes de tus creencias limitantes, del paradigma del materialismo y la ansiedad por estatus, de la presión social. Y que te atrevas a ser tú mismo/a. Porque lo único que tienes que hacer en esta vida es conectarte con tu esencia. Este es el poder que se nos otorgó al nacer y que la mayoría olvidamos en algún momento para intentar encajar en el entorno. Nos pasamos media vida (o toda entera) intentando encajar, intentando gustar, intentando copiar a otros, intentando parecer, y al final nos convertimos en un fantasma, en un personaje incapaz de ser feliz porque vive la vida de otros.

Al final todos recorremos el mismo camino: tenemos alegría y tristeza, tenemos dolor y placer, tenemos logros y decepciones. Y si estamos atentos, tenemos crecimiento. A veces ese crecimiento es doloroso, sobre todo si nos resistimos, pero ese dolor es necesario para despedir a tu antiguo yo y dejar entrar el nuevo, para encontrar tu verdadera misión y tu verdadera pasión. Lo importante es que te des cuenta cuanto antes de que no tienes que jugar a ser nadie, simplemente ser tú. Que te abras, te aceptes y regales al mundo tu esencia. Que brilles sin permiso y sin culpa. Que te conectes con tu fuente, con tu energía triunfante.

"Sólo tienes que parar un momento, despojarte de tus disfraces y sentir el instante. Aparcar el ego y dejar de esforzarte por demostrar que eres valioso/a... ¡porque ya lo eres!"

Cuando me conozcas un poco más verás que soy un ser muy básico, una persona muy normal. Si yo he podido descubrir mi verdad y conquistarme a mí mismo, ¿qué no podrás hacer tú? Es algo que está al alcance de todos. Sólo tienes que perder el miedo, cultivar tu pensamiento crítico y hacerte cuatro preguntas:

¿Quién soy?

¿A qué he venido?

¿Con quién quiero compartir este viaje?

Y, finalmente, ¿estoy en mi camino?

Si la respuesta a esta última pregunta es "NO"; ahora o en el futuro, repasa los 12+1 faros-valores que te propongo en el libro para tener una vida con sentido, una vida aprovechada. Pregúntate si estás siendo honesto/a, si estás rodeándote de personas que te aportan, si estás trabajando para tener o mantener tu libertad, si estás siendo generoso/a con los que te rodean, etc.? Y si ves que te has alejado de alguno de esos faros, intenta acercarte de nuevo. Cambia tus hábitos, incorpora mejoras en tu vida y encara las velas para volver a coger el rumbo. No pasa nada por perderse, lo malo es cuando vamos a la deriva y ni siquiera nos damos cuenta.

Para acabar esta introducción te contaré un pequeño secreto: cuando hayas interiorizado los 12 valores que te describiré a continuación no te hará falta volver a levantar la cabeza y buscar faros para orientarte. Es más, tendrás una energía brutal y te elevarás como un cohete. Quizás te despistes un poco en algún momento, pero enseguida te darás cuenta y volverás a tu senda.

Estos 12+1 faros (o claves o palancas o fuentes de energía) son los que yo he identificado para una vida plena. Tal vez tú, después de conocerlos, creas que falta o sobra alguno. Si es así, crea tus propios faros. Como te decía antes, no son los mandamientos de Dios, sino la humilde propuesta de Javier. Lo que sí puedo decirte es que, desde que me iluminan, vivo siempre enchufado a la vida.

A veces me preguntan: "¿Pero tú de dónde sacas tanta energía? ¿Cómo puedes estar siempre animado y transpirando entusiasmo?". La respuesta es sencilla: porque estoy conectado a mi esencia. A mis 12 fuentes de energía.

"Cuando hayas interiorizado los 12 valores que te describiré a continuación no te hará falta volver a levantar la cabeza y buscar faros para orientarte. Es más, tendrás una energía brutal y te elevarás como un cohete."

Los 12+1 faros

Faro 1: CONFIANZA
Quiérete y cree en ti

"Trátate a ti mismo como si fueras una persona valiosa, alguien que te importa y al que quieres dar una buena vida."
Jordan Peterson, psicólogo canadiense.

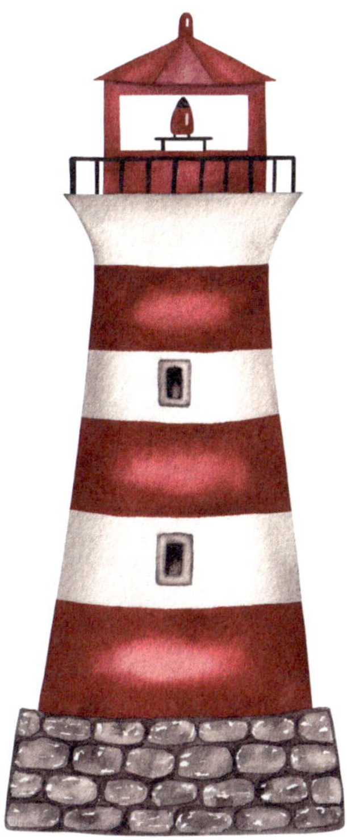

¿Se puede resumir una vida en un párrafo? Voy a intentarlo... Vengo de una familia humilde y trabajadora del sur de España. Mi padre era albañil en Málaga y mi madre ama de casa (estoy muy orgulloso de ellos). Con 16 años decidí dejar de estudiar para ponerme a trabajar en el bar de mi padre. Había pedido un crédito y no podía permitirse contratar a un camarero, así que me tocó hacer ese trabajo hasta los 20. Después, a los 23, me casé y junto a mi mujer monté un restaurante. Aplicando unas sencillas reglas financieras, que más adelante te explicaré, fui ampliando el negocio y fui adquiriendo más locales hasta los 30 años. Monté entonces una empresa inmobiliaria y con mucho trabajo y un inagotable espíritu de superación conseguí reunir un pequeño patrimonio personal. A día de hoy, con 48 años en el momento de escribir este libro, puedo vivir sin preocuparme demasiado por el dinero, que ahora no es una prioridad para mí. No soy Jeff Bezos ni Elon Musk, pero humildemente creo que soy al menos tan feliz como ellos. Porque, además de vivir desahogadamente, tengo una familia maravillosa y me levanto cada día con unas ganar locas de vivir, de aprender y de ayudar, que son mis grandes pasiones.

¿Cómo he conseguido, partiendo de casi nada, tener una vida plena? Te lo diré: creyendo en mí mismo. Creyendo en mi potencial y confiando en que, con trabajo y mejora constante, podría alcanzar mis metas y mis sueños. Porque no sólo soy un trabajador incansable, sino también un soñador indomable.

No te digo todo esto para alardear de mi vida, por supuesto (a estas alturas ya empezamos a conocernos, ¿verdad?). Si me pongo como ejemplo es sólo para que tengas claro que si yo he conseguido tener una vida extraordinaria viniendo de una familia superhumilde y sin tener dones especiales, ¡tú también puedes conseguirlo! ¡Por supuesto que puedes! Eso sí, tienes que empezar por creer en ti y confiar en tus posibilidades.

Es muy fácil perderse o despistarse cuando no confías en ti mismo/a. Casi todo lo malo que nos ocurre en la vida es porque no nos queremos lo suficiente, por una falta de autoestima, de autoconcepto, de autoridad personal y de amor propio. Si crees en ti, en cambio, casi todo es posible. No importa si eres alto o bajo (yo mido 1,70 m), gordo o flaco (a mi me sobran algunos kilos), sabio o ignorante (yo siempre estoy tratando de aprender porque creo que nunca sé suficiente), guapo o feo (bueno, eso vamos a dejarlo). Lo que importa es que creas en ti y en lo que te propongas hacer en la vida.

Nunca podrás lograr nada si no crees que puedes conseguirlo. Tu subconsciente te saboteará y pondrá todo tipo de excusas y resistencias. Lo dijo de una manera muy certera Henry Ford, el gran empresario automovilístico: "Tanto si crees que eres capaz como si no, estás en lo cierto". Porque tú eres tu ángel y tu diablo, tu infierno y tu cielo. Si algo he conseguido en mi vida, dicho sea con toda la sencillez, es porque creo en mí. Cuando tengo un sueño en la cabeza, ¡que se prepare el universo, porque yo no voy a parar! Me pongo las pilas y no paro hasta conseguirlo. Como Walt Disney, creo en mis sueños, los visualizo y los persigo.

"¿Cómo he conseguido, partiendo de casi nada, tener una vida plena? Te lo diré: creyendo en mí mismo."

También existe el puro azar, claro. Muchas cosas no dependen de nosotros o no están a nuestro alcance. Sería pretencioso creer que podemos conseguir cualquier cosa en cualquier circunstancia. Pero lo que no podemos hacer es ampararnos en eso para dejar de intentarlo. La vida nos ha dotado de todo lo necesario para imaginar grandes sueños y hacerlos realidad. Si te paras un momento a pensar, verás que todo lo que conseguimos en la vida ha sucedido primero en nuestra imaginación. Luego, gracias a la voluntad, el corazón, el esfuerzo y toneladas de errores, paciencia y perseverancia, lo conseguimos. Yo al menos no conozco otro sistema.

El patrón para crear una nueva realidad pasa por la imaginación, el corazón, la voluntad, el trabajo y la perseverancia. Si pones en práctica este sistema y lo aprendes, puedes repetirlo tantas veces como quieras. Y puedes soñar cada vez con objetivos más altos, más ambiciosos, más enriquecedores.

Desafíate y atrévete a hacer para crecer. Porque sólo conseguirás desarrollar tu autoestima, tu autoconcepto y tu autoconfianza cuando compruebes que puedes alcanzar algo, aunque sea un logro pequeño. No importa lo que otros te digan o te hagan sentir: si crees en ti nada se te resistirá. Así lo hago yo: cuando sueño con algo no escucho a nadie ni dejo que nada me distraiga de mi objetivo. Mis sueños no son negociables. Creo en mí y en mis capacidades y sé que lograr mis metas sólo es cuestión de dedicarles el tiempo y el esfuerzo necesarios.

No hay ni secretos ni atajos. Cultiva tu fe en ti, cultiva tu confianza en ti, y poco a poco todo irá encajando de forma sincronizada. Vuelvo a ponerme como ejemplo porque soy lo que tengo más a mano: viniendo de una familia humilde, me propuse ser empresario de la hostelería y lo conseguí; luego quise ser agente inmobiliario y lo conseguí, llegando a crear varias empresas en este sector; quise formar una familia y conseguí la más preciosa del mundo, con dos hijas y un dulce gato; quise ayudar al mundo y dejar humildemente un pequeño legado de conocimiento, de habilidades y herramientas para el éxito o el logro personal, y aquí estoy, escribiendo este libro.

La vida es un regalo que se nos otorga a todos por igual, un regalo sagrado, divino y misterioso. Nuestra primera misión es abrazarla, aceptarla, protegerla y cuidarla, tratándonos a nosotros mismos como trataríamos algo muy valioso, algo que nos importa mucho. La mejor forma de honrarla y quererla es construir una buena vida. Ese es el gran desafío: hacer que tu vida merezca ser vivida.

"No hay ni secretos ni atajos. Cultiva tu fe en ti, cultiva tu confianza en ti, y poco a poco todo irá encajando de forma sincronizada.

No hay nadie más poderoso en el mundo que tú cuando confías en ti mismo o en ti misma. Para construir esa confianza debemos tener una buena autoestima, y eso pasa por conocernos bien. Como dijo Erich Fromm, la confianza en uno mismo es clave para poder relacionarse de manera positiva con los demás.

Primero tenemos que saber cuáles son nuestras habilidades innatas, nuestras fortalezas, nuestros dones y talentos. Y segundo conocer nuestras limitaciones.

Por ejemplo, ¿eres una persona más racional que emocional o más emocional que racional? La persona racional suele pensar antes de hacer y si no lo ve claro no lo intenta o lo intenta sin suficiente determinación. La emocional, en cambio, suele hacer y después pensar. Son personas alegres e impulsivas pero también suelen cometer muchos errores (yo estoy en esa categoría).

Si no agradeces el regalo de la vida y no te conoces bien tu relación con el mundo va a ser muy precaria y vas a tener muchos problemas. Todos tenemos un pasado, unas raíces, unas circunstancias culturales y familiares, pero es tu responsabilidad forjar tu propio carácter. Como dijo Ortega y Gasset, dos terceras partes de tu vida te vienen dadas, pero un tercio depende de ti y puedes cambiarlo. Y eso incluye tu carácter. Tu carácter determina lo que ves; lo que ves determina lo que piensas; lo que piensas determina lo que haces; y lo que haces determina tu destino.

Por tanto, no se trata simplemente de decir "creo en mí", sino de trabajar tu carácter para desarrollar una buena autoconfianza, un buen autoconcepto. Eso no se consigue de un día para otro. Primero abraza el regalo de la vida y comprométete a cuidarlo como lo más valioso que tienes. Como algo único, porque todos somos únicos. Si lo haces, tu autoestima estará en niveles altos. Con esa autoestima alta, trabaja en tu forma de ser para moldearla y confiar cada vez más en ti. Es un patrón mental: si tienes la autoestima alta, tendrás un autoconcepto alto, lo que alimentará tu determinación. Y con determinación, compromiso, paciencia, fuerza de voluntad y capacidad de superación, ningún sueño se te resistirá.

"Forja tu carácter, porque tu carácter determina lo que ves; lo que ves determina lo que piensas; lo que piensas determina lo que haces; y lo que haces determina tu destino."

Tal vez te preguntes: ¿cómo puedo mejorar mi autoestima? Te lo explicaré. He identificado seis pilares de la autoestima. Son los siguientes:

Conciencia

Autoaceptación

Responsabilidad (sobre tu vida y sobre tus actos)

Asertividad

Propósito

Integridad

Iremos desarrollándolos a lo largo del libro, no quiero darte demasiada información de golpe para no empacharte. De hecho, algunos de estos pilares son a la vez los faros que iluminarán tu camino y que veremos en próximos capítulos.

De momento, lo importante es que tengas clara una cosa: somos lo que creemos que somos. Sólo tú puedes creer en ti y perseguir tus sueños, nadie lo hará por ti. Tú tienes ese deber y ese poder. Así que atrévete a empezar y ve aprendiendo por el camino. Cuando hayas desarrollado una buena autoestima tendrás un buen autoconcepto y eso te generará una mentalidad positiva a prueba de bombas. Una voluntad de hierro y un carácter de titanio. Tu alma, tu corazón y tu mente alineados te llevarán a grandes hitos.

Nadie más que tú puede construir la historia de tu vida. Somos únicos y ese es nuestro gran poder. Como dice la cantante Taylor Swift, "si tienes la suerte de ser diferente, no cambies nunca". ¡Y todos tenemos la suerte de ser diferentes! Cuando nos conectamos con nuestra existencialidad y nuestra singularidad nos convertimos en imparables e insuperables. Tú, como todos, has venido a brillar, pero para lograrlo tienes que atreverte a hacer y confiar en ti, en la fuerza de tu alma, en la intuición de tu corazón. Confiar en la vida como en un río que baja de la montaña sin miedo ni obstáculos hasta alcanzar la fusión con el mar.

El universo te acompañará cuando adquieras un compromiso contigo y te esfuerces por alcanzar tus metas. Tu mente creará el camino hacia ese lugar y lo único que te podrá frenar serás tú mismo. El ser humano tiene cuatro grandes frenos:

Las creencias limitantes

Los miedos

Los apegos

Las expectativas

Como ves, todos están dentro de ti, en tu mente. Si consigues eliminarlas de tu vida, lo que queda es tu verdadero yo. Pero, claro, no es tan fácil. No te diré que yo lo he conseguido porque te mentiría. Todavía me ronda de vez en cuando algún miedo. Por cierto, los grandes miedos, según la sabiduría maya, son también cuatro:

Miedo a la soledad

Miedo a la escasez

Miedo a la enfermedad

Miedo a la muerte.

El antídoto del miedo es el amor. En el momento en que tú actúas con la convicción que da el amor, los miedos se disuelven como un azucarillo en un café. Primero porque si actúas con amor nunca estarás solo/a, por tanto no tendrás miedo a la soledad. Segundo porque si tienes amor no te faltará de nada, y por tanto no sentirás el miedo a la escasez. Tercero porque si te tratas con amor reducirás mucho las posibilidades de enfermar, y por tanto el miedo a la enfermedad. Y cuarto porque una persona que vive en el amor nunca muere del todo: su esencia queda en el corazón de aquellos a los que amó. El que ama la vida no teme la muerte, porque sabe y acepta que todo es un regalo y nada es permanente.

Cuando eres tú y actúas con amor, no sólo desaparecen los miedos, sino todos los demás frenos: las creencias limitantes (lo que nos contaron durante nuestra vida que ahora nos limita), los apegos (a los objetos, a los amigos e incluso a la familia) y las expectativas (querer controlar lo que va a suceder). Y con ellos todo lo oscuro de la persona: las envidias, los celos, la ira, etc. Nada te puede limitar porque cuentas con una energía inagotable: la del amor.

"Tú, como todos, has venido a brillar, pero para lograrlo tienes que atreverte a hacer y confiar en ti, en la fuerza de tu alma, en la intuición de tu corazón."

Tenemos mucho más poder del que creemos, sólo hay que despertarlo. En el momento en que crees en ti, en que confías en ti y te comprometes contigo, emerge tu poder y te das cuenta de toda la energía que tienes.

¿Por qué sólo sacamos nuestra fuerza cuando el universo nos pone en una quebrada o ante una adversidad? Creo que es porque tenemos cierta tendencia a la pereza, al acomodo, al mínimo esfuerzo. Cuando tenemos salud y fortaleza, vamos sólo al diez por ciento de nuestro potencial. Y así sólo consigues, con suerte, el diez por ciento de lo que te propones. Estás en tu derecho de hacer esto, si quieres, pero no te quejes si luego no tienes la vida que te gustaría. La abundancia te está esperando, pero para llegar a ella tienes que esforzarte con amor, con pasión y con perseverancia.

Muchas personas persiguen el éxito. Hay cientos de libros que lo prometen en su portada y otros tantos gurús que aseguran tener la fórmula para alcanzarlo. Pero, ¿qué es el éxito? ¿Un gran coche, una casa, una pareja que te quiera, un montón de dinero en el banco, ropa lujosa, tener muchos amigos, disponer de mucho tiempo libre, ganar mucho dinero, tener un cargo de responsabilidad en una empresa, poder comer cada día en un restaurante diferente, tener una Visa Oro, lucir un reloj único, viajar por todo el mundo...?

Cada persona define el éxito a su manera, no creo que haya una fórmula universal que sirva para todo el mundo. Lo único que puedo decirte es que no encontrarás a ninguna persona que se considere verdaderamente exitosa que no confíe en sí misma. Éxito y autoestima van de la mano.

Yo no te voy a dar ninguna fórmula, pero sí te diré lo que a mí me funciona. Para mí, el éxito en este momento de mi vida es poner mi talento y mi esfuerzo al servicio de la humanidad. Para llegar hasta aquí he tenido que hacer miles de pruebas y he cometido mil errores, pero ahora navego con rumbo firme porque tengo claros mis valores. De hecho, para mí el éxito son mis valores en acción. Valores como los que verás en los siguientes capítulos: solidaridad, humildad, trabajo, etc. Esos valores son el *software* y las personas somos el *hardware*. El problema es que no venimos de serie con ese *software* instalado. Tenemos que ir haciendo pruebas e instalar cada comando a medida que lo identificamos como bueno para nuestra vida.

Aunque cada persona tiene su propia idea de éxito, hay algo para mí incuestionable: lo que te lleva al éxito siempre es la construcción de tu liderazgo personal. A medida que aprendes a liderar tu vida empiezas a tener mayor claridad mental y mejoran tus resultados en aquello que te propongas. Al principio tienes que esforzarte, formarte, aplicar lo aprendido, ser constante y tener paciencia y disciplina. A medida que aumenta tu liderazgo personal ya no necesitas esforzarte tanto: todo fluye con mucha facilidad. Todo florece. Pero si no hay raíces no hay tronco, si no hay tronco no hay ramas, si no hay ramas no hay hojas, si no hay hojas no hay flores y si no hay flores no hay frutos.

"Tenemos mucho más poder del que creemos, sólo hay que despertarlo. Y apartar nuestras creencias limitantes, que son las que nos hacen no intentarlo."

En mi caso, no sé por qué, siempre he tenido mucha confianza en mí y en mis posibilidades, no he tenido que hacer un gran esfuerzo en este sentido. Lo atribuyo en parte a que leí muchos tebeos, lo cual espoleó mi imaginación y me convirtió en un soñador indomable y en un curioso insaciable. No pude terminar mis estudios, porque a los 16 decidí dejar la escuela para ayudar a mi padre en el bar, pero los cómics me abrieron a un mundo de fantasía y de aventuras en el que todo era posible. Leí todos los de Tintín, los de Astérix y Obélix, los de Mortadelo y Filemón, El Capitán Trueno, El Guerrero del Antifaz... En fin, todos los que caían en mis manos o lograba intercambiar con amigos y conocidos.

Además de creer siempre en mí, nunca he escuchado a los que me han dicho "no lo vas a conseguir" o "no lo intentes, no vale la pena". Te explicaré algo que no he explicado a casi nadie y que, lo reconozco, me da un poco de vergüenza poner aquí. Pero ya empezamos a ser amigos, ¿verdad? Así que sería absurdo que no confiara en ti. Verás, el 31 de diciembre de 1992, cuando tenía 20 años, salí a celebrar la Nochevieja con unos amigos y fuimos a una fiesta en una gran hotel-discoteca. Debía haber unas 2.000 personas. Después de pasar la noche riendo y bailando, hacia las 7 de la mañana y cuando ya estábamos medio de retirada vi a una chica espectacular: metro setenta y cinco, rubia, ojos verdes, pelo hasta la cintura. Como Rita Hayworth pero en versión malagueña. La miré y yo no sé si hubo flechazo, pero juraría que vi pasar por allí a Cupido. Le dije a mis amigos: "Voy a conocerla". Y ellos: "Pero nene, ¿tú estás tonto? Te da dos vueltas". Si les hubiera hecho caso no lo habría intentado, pero no los escuché. Me fui para ella, me presenté, la invité a un kiwi con limón (yo no bebía alcohol, era deportista, jugador federado de balonmano) y nos dimos los teléfonos. Y desde ese día hasta hoy no nos hemos separado. Tres años de novios y 25 de matrimonio. Conclusión: cuando sabemos lo que valemos, no nos conformamos con menos de lo que merecemos.

Sea cual sea tu situación actual, para un momento, aparca las quejas y hazte estas preguntas básicas:

¿Confío realmente en mí?

¿Creo en mi potencial y estoy dispuesto a desarrollarlo?

¿Tengo una buena autoestima y un buen autoconcepto?

¿Estoy dispuesto/a a esforzarme para aprender lo que necesito aprender?

¿Estoy verdaderamente comprometido/a con mis sueños o mis objetivos?

¿Me atrevo lo suficiente o tengo que atreverme más?

Todas las personas que me han inspirado a lo largo de mi vida y que considero referentes para alcanzar el éxito y tener una buena vida responderían SÍ a estas preguntas sin dudarlo. ¿Crees que Rafa Nadal ha llegado donde ha llegado sólo por su genética o porque cultivó su físico, su mentalidad y su capacidad de resiliencia?

La mayoría no consiguen sus sueños porque no se ven capaces. En su diálogo interno se dicen: "No creo que pueda". Y el cerebro responde: "Pues si tú no lo crees, yo tampoco". Por eso, antes de remar en una dirección, lo primero es trabajar la confianza. Yo siempre empiezo y aprendo por el camino, no espero a tenerlo todo controlado. Empiezo y voy avanzando a base de ensayo-error. O, mejor dicho, ensayo-resultado, pues como afirma Wayne Dyer, "nunca hay errores, sólo hay resultados". El único error es no intentarlo.

Deja de vivir de espaldas a tu poder. Deja de poner excusas o lanzar quejas. Sólo cuando te quieras y asumas la responsabilidad de tu vida empezarás a crear tu destino. Empezarás a ser lo que has venido a ser.

"Cuando sabemos lo que valemos, no nos conformamos con menos de lo que merecemos."

Faro 2: HONESTIDAD
Sé honesto/a con todos, empezando por ti

"Lo primero es ser honesto contigo mismo. Nunca podrás tener un impacto en la sociedad si no te has cambiado a ti mismo."
Nelson Mandela, activista contra el *apartheid* y ex presidente de Sudáfrica.

Lo dijo Sócrates, considerado uno de los más grandes filósofos de la historia, hace dos mil y pico años: "La verdad te hará libre". Pero por algún motivo nos empeñamos en llevarle la contraria. Nos empeñamos en mentir a los demás y, peor aún, en mentirnos a nosotros mismos. Y con esas mentiras nos vamos encerrando en pequeñas cárceles interiores de las que cada vez nos cuesta más salir.

¿Por qué hacemos esto? ¿Por qué, aunque sabemos que mentir nos empequeñece y nos limita, seguimos haciéndolo? ¿Por qué no practicamos una honestidad total, con nosotros mismos y con los demás, para sentirnos libres y navegar sin obstáculos hacia nuestros objetivos?

Empezamos a mentir desde pequeñitos. Los más precoces lo hacen con sólo dos o tres años y la gran mayoría a los cuatro. Sobre todo lo hacen como una forma de protección, o sea, porque creen que mintiendo se protegen. Por ejemplo, tenemos el típico caso del niño que rompe un juguete o cualquier objeto de la casa y dice que ha sido el gato. Miente para evitar una reprimenda de su padre o su madre (aunque sepa que de esta forma la reprimenda se la llevará el gato). Por ahí empezamos. Y luego, como en aquel anuncio de patatas fritas, "ya no hay stop".

¿Por qué el niño pequeño dice que ha sido el gato en lugar de reconocer que ha sido él y pedir disculpas? Te lo diré: porque imita a los adultos que tiene a su alrededor, cuyo comportamiento está más en la línea de echarle a otros la culpa de sus errores que de reconocerlos y disculparse. ¿Crees que si los padres nos comportáramos de forma totalmente honesta los hijos mentirían? Yo creo que no, o en todo caso serían pequeñas mentiras totalmente inocuas.

La pregunta es: ¿por qué actuamos así? Los investigadores de la conducta humana han identificado diferentes motivos por los que mentimos. Estos son los más habituales:

1. **Por miedo:** a ser descubiertos, enjuiciados y castigados.
2. **Por ambición:** para sacar ventaja y conseguir algo que ansiamos (un ascenso, un cargo, un reconocimiento, etc.).
3. **Por desconocimiento:** a veces reproducimos las mentiras de otros sin conocer a ciencia cierta la verdad.
4. **Por malicia:** para hacer daño a otra persona por la que sentimos odio o rencor.
5. **Por placer:** algunas personas experimentan una sensación placentera cuando mienten y no son descubiertas, aunque eso no conduzca a ningún otro beneficio.
6. **Por imitación**: somos animales sociales y a veces mentimos, aun a sabiendas de que lo estamos haciendo, para sentirnos integrados en un grupo.

Todas estas motivaciones se podrían resumir con la primera: por miedo. Por ejemplo, cuando mentimos por imitación, lo hacemos en realidad por miedo a ser excluidos del grupo. Cuando mentimos por ambición lo hacemos por miedo a la escasez o a no ser queridos (o sea, a la soledad). Etcétera. La principal motivación es, por tanto, alguno de los cuatro miedos que te expliqué en el faro anterior: a la soledad, a la escasez, a la enfermedad o a la muerte. O dicho de otra forma: mentimos porque tenemos miedo y creemos que al hacerlo nos protegeremos de eso que nos atemoriza.

"Nos empeñamos en mentir a los demás y, peor aún, en mentirnos a nosotros mismos. Y con esas mentiras nos vamos encerrando en pequeñas cárceles interiores de las que cada vez nos cuesta más salir."

En nuestro cerebro, el miedo se localiza en la parte que llamamos "cerebro reptiliano". Es la zona más antigua de nuestro cerebro, la que se formó primero, y es la encargada de regular las funciones básicas para la supervivencia: la respiración, la digestión, el movimiento de los ojos, etc. Es donde saltaba la alarma cuando un tigre se acercaba con malas intenciones al hombre de las cavernas y donde sigue saltándonos ahora cuando detectamos cualquier señal que interpretamos como peligro.

Es una buena herramienta, ya que nos ha permitido llegar hasta hoy como especie, detectando peligros y respondiendo al miedo de una u otra manera (huyendo, afrontando o quedándonos quietos, básicamente). Nos ha permitido, en definitiva, sobrevivir.

Esto no es exclusivo del ser humano. Otros animales también tienen mecanismos de autodefensa de muchos tipos que se activan cuando se sienten amenazados, cuando creen que su supervivencia peligra: los hay que se camuflan, como el camaleón; que se esconden en su caparazón, como la tortuga y el caracol; que levantan miles de púas para frenar los ataques de los depredadores, como el erizo, etc.

Se podría decir que los animales también "mienten" para sobrevivir, algunos para defenderse y otros para atacar, como algunos insectos que se mimetizan con las flores para atraer a otros insectos más pequeños y cazarlos. Ahora bien, todos ellos lo hacen realmente para sobrevivir.

¿Los seres humanos necesitamos mentir para sobrevivir? Tal vez en otros momentos de nuestra evolución sí, pero en el mundo actual no... Salvo, claro, en contadas excepciones y circunstancias, como por ejemplo la persona homosexual que vive en un país donde las prácticas homosexuales están castigadas con prisión o incluso pena de muerte. En este caso sí se trata de pura supervivencia. Pero normalmente no lo hacemos por eso, sino para obtener algún tipo de beneficio frente a los demás. Por ambición, egoísmo, ira o cualquier otro sentimiento destructivo. Y como no nos gusta vivir sabiendo y sintiendo que somos unos mentirosos, nos autojustificamos.

Eso sí es exclusivo del ser humano: la capacidad de autoengaño. Nos creamos una realidad propia que justifica nuestra mentira o cualquier otro comportamiento deshonesto. Y nos quedamos tan anchos... o no, porque para algunas personas es muy duro vivir sabiendo en su fuero interno que son deshonestas o que han perjudicado a alguien deliberadamente con sus mentiras o sus actos.

Lo que hacemos para poder vivir con ese peso es autoengañarnos, con lo cual sumamos un engaño al engaño. Esa capacidad sí es exclusivamente humana. Una mantis religiosa no necesita justificarse ante una mosca por haber simulado que era una ramita y habérsela comido en un descuido. Lo hace "realmente" porque lo necesita para sobrevivir. Pero nosotros, salvo casos excepcionales como el que te comentaba antes, no lo necesitamos.

"¿Los seres humanos necesitamos mentir para sobrevivir? Tal vez en otros momentos de nuestra evolución sí, pero en el mundo actual no."

Si te has alejado del faro de la honestidad, pregúntate: ¿realmente me compensa mentir y arriesgarme a que los demás me descubran y me expulsen de su vida? ¿Me compensa vivir en tensión permanente por el miedo a ser descubierto o desenmascarado? ¿Me compensa cargar con el peso de la culpa o inventarme una realidad paralela para justificar mis actos y no sentirme mal?

Porque eso es, precisamente, lo que hacemos: inventarnos una realidad paralela para autojustificarnos. Esta es una deshonestidad doble: ante los demás por la mentira y ante ti mismo/a por tratar de sostenerla internamente. A lo mejor estás tan convencido/a de tu propia automentira que ni siquiera eres consciente de tu impostura, pero te aseguro que eso saldrá en un momento u otro. Saldrá en forma de enfermedad, en forma de ansiedad, en forma de depresión, en forma de soledad. El que miente y se miente se va quedando cada vez más solo, porque pierde la verdadera conexión con los demás. Deja de hablar desde el corazón para hacerlo desde la intrincada madeja de la mente. Y desde ahí no puede llegar al corazón de los demás. Puede que sobreviva, pero ¿a qué precio? ¿Vale la pena pagarlo? Creo, HONESTAMENTE, que no.

Si te has alejado demasiado del faro de la honestidad tienes que acercarte de nuevo a la costa, fondear en algún lugar tranquilo y tomarte un momento de reflexión. El libro de Tim Ferriss titulado *Armas de titanes: Los secretos, trucos y costumbres de aquellos que han alcanzado el éxito,* lo explica muy bien. Tienes que tomarte un tiempo para hacer un pensamiento profundo de cómo quieres vivir.

Dicho de otra forma, tienes que reflexionar, una palabra que deberíamos recuperar y subrayar en nuestro Diccionario de Palabras Esenciales para la Vida. El ritmo acelerado de nuestro día a día no nos deja espacio para la reflexión. Siempre estamos haciendo, haciendo y haciendo, y ni siquiera cuando paramos para descansar dedicamos un tiempo a reflexionar. En lugar de eso, nos ponemos un podcast o miramos una serie. ¿Por qué no pruebas a hacer nada de vez en cuando? Cuando adquieras el hábito encontrarás espacios de claridad en tu vida y en tu mente. Es entonces cuando estarás preparado/a para reflexionar y tomar decisiones importantes.

De hecho, me gustaría que este libro fuera para ti más un espacio de reflexión que un manual. Insisto: yo no soy un gurú ni tengo ningún tipo de conocimiento superior. No quiero guiarte hacia ningún sitio, sólo alumbrarte cuando te pierdas. Pero tu camino sólo puedes elegirlo y recorrerlo tú.

La reflexión es una herramienta muy poderosa que casi nadie usa. Creemos que reflexionamos y en realidad sólo pensamos en el día a día, en solucionar problemas o en avanzarnos a ellos. Y, sin embargo, la reflexión profunda es magia pura. Cuando te paras, levantas la vista y te haces una serie de preguntas esenciales, se obra una especie de milagro tranquilo y te sientes de nuevo en tu rumbo. Esas preguntas ya las hemos visto, pero te las recuerdo para que no tengas que volver atrás:

¿Quién soy?

¿A qué he venido?

¿Con quién quiero compartir este viaje?

Y, finalmente, ¿estoy en mi camino?

En realidad es algo muy simple, pero nos aturullamos. Tenemos todos los ingredientes para cocinar una vida fantástica y acabamos creando un sucedáneo de vida.

"El que miente y se miente se va quedando cada vez más solo, porque pierde la verdadera conexión con los demás."

La verdad goza de escaso prestigio en los tiempos que corren. Se habla más de la posverdad, que en realidad es una forma eufemística de llamar a la mentira. Tenemos que recuperar el prestigio de esta palabra y ponerla en valor. Ponerla en el centro de nuestras vidas.

Decir la verdad, aunque a veces no te favorezca, es la mejor manera de tener una percepción clara de la realidad. Dicho de otra forma: cuando nos acostumbramos a decir la verdad vemos la realidad sin filtros y podemos decidir de forma más eficaz. Esas decisiones acertadas son las que nos llevan a nuestro destino deseado.

La mentira, en cambio, te lleva a crearte una realidad paralela para justificarte y poder vivir con ese peso. Cada vez que te autoengañas construyes una imagen errónea en tu mente que te confunde y te hace cometer errores. Te alejas así de la realidad, que es el único escenario posible donde actuar, y te encierras en ti mismo/a, en tu construcción mental. Y te autosaboteas. Es el famoso "complejo de Jonás", desarrollado por Abraham Maslow, el padre de la psicología humanista, una neurosis de la persona que consiste en huir de su propio destino, en negar su capacidad para desarrollar todo su potencial encerrándose en tu propia "ballena" (su mente), donde cree estar protegida.

En algún momento de nuestras vidas todos actuamos así: no aceptamos la realidad porque no nos gusta o no nos favorece y nos creamos una realidad paralela en la mente. Ser honestos significa mirar a la realidad de frente y aceptarla, aunque no nos guste. Significa no esconderse en el limbo de la mente ni poner excusas inventadas. Cuando logras hacerlo a cada momento de cada día de tu vida, te das cuenta de que en realidad es el mejor camino, de que la realidad no era tan terrible como tus miedos te habían hecho creer y de que te sientes ligero y libre, capaz de volar hacia tu destino.

¿Recuerdas el título del libro? Los 12+1 faros para una vida con sentido. Todos nos planteamos en algún momento el sentido de nuestra vida. En ese momento es importante que no nos mintamos, que no falseemos nuestros anhelos. La honestidad es un ingrediente básico del sentido, de la realización personal.

"Cuando nos acostumbramos a decir la verdad vemos la realidad sin filtros y podemos decidir de forma más eficaz."

Como todos, yo también me he perdido algunas veces por el ruido exterior, las presiones emocionales, o los pensamientos conflictivos. Es normal que te suceda. Lo importante es reconocerlo, observarlo y revisar de vez en cuando estas conductas, estos comportamientos personales que tantas molestias y decepciones nos crean, que tanto nos alejan del equilibrio, de la calma interior y de la sensación de control.

Nuestro diálogo interior nos construye, por tanto es muy importante que vigilemos y cuidemos la honestidad con la que nos hablamos y con la que hablamos al mundo. Sólo tú eres responsable de tu carácter, y como dijo John C. Maxwell, el carácter determina lo que ves, lo que ves determina lo que piensas, lo que piensas determina lo que haces y lo que haces determina tu destino.

El primer paso para cualquier cambio en tu carácter siempre es reconocer aquello que te perjudica. Ser deshonesto, contigo y/o con los demás, sin duda te perjudica. El siguiente paso es plantearte un plan de acción para cambiar los hábitos perniciosos, en este caso mentir y mentirte. Y finalmente atreverte a ponerlo en práctica, aprendiendo por el camino lo que te vaya surgiendo. Soy consciente de que cuesta. Tenemos pánico al cambio porque supone abandonar una zona en la que creemos estar seguros (el vientre de la ballena), pero es la única manera de desarrollar nuestro potencial de crecimiento. Es como si tuvieras la capacidad de sacar un diez en un examen y te conformaras con un tres. ¿Te sentirías satisfecho/a?

La honestidad no sólo consiste en decir la verdad de lo que sucede, sino también de quién eres, qué quieres y qué necesitas para vivir una vida más auténtica. Su práctica es el camino más directo a la felicidad, a una vida plena y libre. Es, además, la única forma posible de conocerte de verdad a ti mismo/a para poder conocer a los demás y tener unas relaciones saludables.

La honestidad, de paso, te ayudará a confiar más en ti mismo/a. ¿Cómo puedes creer en ti si mientes a los demás y te mientes a ti? Esto me da pie a decirte algo importante: que todos los faros-valores que describo en el libro están de alguna manera conectados entre sí y son necesarios. No se trata de coger la mitad y decir "estos los bordo y los demás me los salto". Eso no te va a funcionar. Todos son imprescindibles.

También te diré otra cosa: estos primeros valores, la CONFIANZA y la HONESTIDAD, son irrenunciables. El primero es el pilar básico de tu hogar como persona, mientras que el segundo es el tejado que impide que entre el agua y te proporciona un refugio seguro. Durante casi las últimas dos décadas de mi vida me he dedicado al sector inmobiliario, así que sé de lo que hablo. Sin unos buenos cimientos y una buena cubierta nada de lo que construyas en tu vida se aguantará mucho tiempo. En cambio, con una buena estructura de pilares y un buen tejado ya sólo te queda el cerramiento. También sirve la analogía del árbol: la confianza serían las raíces y la honestidad el tronco. Sin la primera, el árbol no tiene buen alimento y muere. Sin la segunda, el árbol no crece fuerte y no se sostiene.

"Nuestro diálogo interior nos construye, por tanto es muy importante que vigilemos y cuidemos la honestidad con la que nos hablamos y con la que hablamos al mundo."

No puedes proyectar nada afuera que tú no hayas cultivado dentro de ti. ¿Cómo crees que va a ser tu entorno si tú no eres honesto/a? ¿Cómo crees que se van a comportar tus hijos, tus amigos, tus compañeros de trabajo? ¿Te gustaría vivir en un entorno lleno de mentiras, de falsedades, de imposturas?

Somos agricultores de nuestra propia vida. A todos nos dan una parcela de terreno, pero tenemos que cuidarla para que sea fértil. Tenemos que airearla y quitarle las malas hierbas, tenemos que plantar semillas, tenemos que regarla, etc. Cada uno a su manera y en función de sus posibilidades y sus preferencias. Porque todos somos únicos.

El problema muchas veces empieza en la escuela, pues el sistema educativo no reconoce la singularidad de cada ser humano. No permite que los niños sean diferentes y se desarrollen en base a su singularidad. Entramos en él como seres únicos con un gran potencial creativo y salimos como borregos. Por eso, si eres padre o madre, tienes una gran responsabilidad: potenciar las habilidades innatas de tus hijos/as. Ayudarlos a creer en sí mismos y a ser honestos, a no engañarse. Y la mejor manera de ayudarlos es con tu propio ejemplo. Si no, como decíamos al principio de este capítulo, empezarán a mentir desde pequeños y llegará un momento en que no sabrán quienes son. Y entonces necesitarán recorrer un largo camino para llegar al punto de partida, a un sitio en el que ya estaban al principio: al centro de su ser, a su propia esencia verdadera.

Además de dar ejemplo, lo mejor que puedes hacer por tus hijos/as es no molestarlos demasiado, dejar que exploren y desarrollen su propia identidad. A mis hijas siempre les digo que hagan lo que ellas quieran, siempre dentro de unas normas y sin fastidiar a otras personas. Que indaguen libremente y se conozcan.

Y lo mismo te digo a ti: que recuperes la libertad para re-conocerte sin cortapisas ni doctrinas. Sin autoengaños ni autosabotajes. Sin presiones sociales. No dejes que nadie te impida ser tú. Lo dijo Napoleon Hill: la mayoría de las personas no son felices porque cometen dos grandes errores. El primero es que escuchan a todo el mundo menos a ellas mismas y se dejan llevar por lo que dicen los demás, sin pensamiento crítico ni criterio propio. Y el segundo es que no piensan, porque pensar es agotador. Es mucho más fácil seguir la estela de lo que hace todo el mundo.

La libertad de elegir, el libre albedrío, es un regalo divino. Mientras no perjudiques a nadie, puedes ser y hacer lo que quieras. Nada ni nadie te debe condicionar ni coartar. Ahora bien, la libertad no es posible sin honestidad. Sin ella te conviertes en preso de tus mentiras. En esclavo de tu propia impostura.

"No puedes proyectar nada afuera que tú no hayas cultivado dentro de ti. ¿Cómo crees que va a ser tu entorno si tú no eres honesto/a?"

Faro 3: HUMILDAD
Agradece la vida y asume tu responsabilidad

"La verdadera humildad consiste en estar satisfecho".
Henry F. Amiel, escritor suizo.

Como nos vamos teniendo ya confianza te diré una cosa: soy un cagador profesional. Quiero decir que la he cagado un millón de veces a lo largo de la vida. No me importa nada admitirlo, porque de cada una de esas veces he aprendido algo que me ha servido para ser mejor persona y mejor profesional. Y porque ya no me avergüenzo de mis errores ni de lo que otros puedan pensar. En nuestra sociedad se sigue castigando mucho el error, como si uno tuviera que saberlo todo o ser perfecto de serie.

Nos hace falta, en general, ser un poco más humildes. Nos creemos la hostia y en realidad, si lo miramos a escala universal, somos un puntito ridículo y casi imperceptible dando vueltas en medio de la inmensidad. Para que tomes conciencia de esto te recomiendo que recuperes en YouTube un vídeo titulado *El pálido punto azul*. Es del programa *Cosmos*, creado y presentado hace años por Carl Sagan, un conocido astrónomo y divulgador científico. Son poco más de tres minutos, pero bastan y sobran para darte cuenta de lo poquita cosa que somos y del sinsentido de nuestra arrogancia. Porque, vistos desde lejos y medio de la Vía Láctea, el planeta Tierra, ese lugar que acoge nuestras ansias y nuestros desvelos, nuestras luchas y nuestras conquistas, es un puntito azul casi imperceptible en medio de una vastedad negra, como si dibujaras un punto con un boli Bic en medio de una cartulina negra del tamaño de un campo de fútbol. Y dentro de ese puntito azul estamos tú y yo.

¿Todavía crees que lo que piensas o lo que deseas, que lo que haces o te pasa, tiene tanta importancia?

La arrogancia parece consustancial al ser humano, que a lo largo de la historia ha luchado contra el resto de especies para imponerse y hacerse dueño del planeta. Supongo que a base de superar obstáculos nos hemos ido creyendo invencibles. Pero deberíamos empezar a bajarnos los humos antes de que la Naturaleza nos expulse de su reino por prepotentes. No somos tanto como nos creemos. Fíjate, si no, en la que ha liado un bichito en todo el mundo en un plisplás, metiéndonos en casa y matando a millones de personas. Eso, estoy seguro, ha sido un aviso de la Naturaleza, que acabará poniéndonos en nuestro sitio si no somos un poco más humildes.

Alguien dirá, y con razón, que al fin y al cabo ese puntito del vídeo de Carl Sagan es, aunque ridículamente pequeño, *nuestro* puntito. Es verdad, pero en realidad no es nuestro, simplemente el Universo nos lo ha prestado para vivamos en él. Y tenemos que ser agradecidos y cuidarlo, amarlo y respetarlo. Con humildad, amigo mío, sin creernos, como se creían todos antes de Copérnico, el centro del Universo. Aceptando la responsabilidad de nuestra pequeña vida y cuidando cada uno y cada una, con amor y agradecimiento, de nuestra pequeña parcela.

"Nos creemos la hostia y en realidad, si lo miramos a escala universal, somos un puntito ridículo y casi imperceptible dando vueltas en medio de la inmensidad."

Si nos fijamos un poco en la raíz de la palabra humildad podemos descubrir muchas cosas interesantes. Para empezar, viene del latín "humilis", que literalmente significa "bajo", que a su vez viene de "humus", que significaba "tierra". De hecho, si vas a buscar la palabra humus al Diccionario de la Real Academia de la Lengua encontrarás lo siguiente: "conjunto de compuestos orgánicos presentes en la capa superficial del suelo, procedente de la descomposición de animales y vegetales". ¿Y qué caracteriza a esa capa superficial de la tierra? Pues que es, gracias precisamente al humus, la más fértil.

Vivir humilde es vivir "bajo", pero eso no es negativo. ¿Qué hay abajo? La tierra. ¿Dónde hay que plantar algo para que crezca? En la tierra. Muchos libros de autoayuda plantean como solución a todos los problemas el dejarse llevar, el volar por encima de todo y de todos. De esta forma, mágicamente, nos llegara la solución o atraeremos lo que queremos y alcanzaremos nuestros deseos. Pero no, la cosa no funciona así. Para lograr algo primero hay agacharse y bajar al suelo. Hay que trabajar la tierra, sembrarla, regarla y a veces esperar pacientemente a que brote algo, siempre atentos a las inclemencias meteorológicas. Finalmente, si la vida tiene a bien otorgárnoslo, recoger nuestra cosecha y agradecerlo... humildemente.

No somos omnipotentes. Creer que lo somos nos está llevando directamente a la catástrofe, tanto individual como colectiva, como humanidad. Creemos que somos dueños de la tierra y que podemos explotarla tanto como queramos. Cuando deja de dar fruto la llenamos de fertilizantes artificiales y la forzamos a seguir produciendo para colmar nuestras ansias de crecer y crecer, de tener y tener. ¿Por qué esa obsesión con crecer ilimitadamente? Una planta que crece ilimitadamente se aleja del suelo, que es el que la alimenta. Se aleja de su esencia, que es el humus, la humildad. Sólo ahí se puede hacer crecer algo. Sólo desde ahí podemos contribuir a la vida creando vida.

¿Cómo podemos evitar la catástrofe hacia la que nos encaminamos como especie? Hay quien cree que se debe hacer de arriba abajo: creando leyes y normas y políticas que pongan límites y obliguen a realizar prácticas responsables y sostenibles. Eso está bien y seguramente es necesario, pero yo creo que el verdadero cambio debe ir de abajo arriba. Si cada uno cuidamos bien de nuestra pequeña parcelita, aunque parezca insignificante, logramos un cambio significativo. El cambio que el mundo necesita y que nosotros necesitamos para seguir en el mundo.

"¿Por qué esa obsesión con crecer ilimitadamente? Una planta que crece ilimitadamente se aleja del suelo, que es el que la alimenta."

Nuestros problemas internos y los problemas del mundo vienen del ego. Nos construimos un personaje con la mente y nos lo creemos. Creemos que somos "alguien" y actuamos como si el mundo nos debiera algo. Esa actitud es autodestructiva y nos conduce a la infelicidad, o como mucho a un espejismo de felicidad. El Universo no nos debe nada, somos nosotros los que debemos agradecimiento al Universo por la vida que nos ha entregado.

La verdadera felicidad está en la humildad, que significa también falta de ego. Significa agradecer tu vida y asumir tu responsabilidad sobre ella. Yo, como te comentaba al inicio, he cometido millones de errores, he hecho millones de "cagadas", como se dice coloquialmente, pero si tengo alguna virtud es la gratitud. Siempre he visto la vida como un regalo, como un mar de oportunidades y un privilegio sagrado.

La gratitud es la gran llave de la abundancia. Tenemos que agradecer todo lo que llega a nuestra vida, incluso lo que no nos gusta o no nos conviene. No instalarte en la queja o en el desánimo, sino en el agradecimiento. Pensar que sea lo que sea lo que te suceda, es para tu bien y para tu propio crecimiento. Porque todo lo que sucede conviene si sabes verlo desde el lado bueno, que es el del aprendizaje.

La vida es la gran maestra y hay que respetarla y honrarla hasta el fin de nuestros días. La queja o el desánimo pueden ser lícitos puntualmente, pero enseguida tienes que reponerte, asumir tu responsabilidad y volver a intentarlo con más inteligencia. Asumir tu responsabilidad te lleva a poder corregir tus errores, tus fallos, y a renovar la acción con mayor conocimiento y eficacia. En mi tierra dicen: "Nadie nace enseñado". Y es muy cierto. Por eso tenemos que ser buenos aprendices de vida.

El aprendiz es humilde, de lo contrario no aprende y sigue cometiendo los mismos errores una y otra vez. Ser un buen aprendiz significa escuchar, aprender y agradecer. Esto no es rebajarse ante nadie ni ser menos que nadie. Como dice Walter Riso, "la humildad es ser consciente de la propia insuficiencia, pero de ninguna manera implica ser ignorante de la valía personal".

Si eres un buen aprendiz de vida no dejarás de cometer errores, pero ya no serán los mismos. Y estarás cada vez más cerca de alcanzar tus objetivos.

"La gratitud es la gran llave de la abundancia."

Albert Einstein dijo una frase que en un determinado momento de mi vida me ayudo mucho: todos los problemas tienen solución si te haces la pregunta correcta. Pero, claro, el genio se murió ¡y no nos dijo cuál era la pregunta! Así que estuve varios meses pensando cuál debía ser esa pregunta. Y al final, modestia aparte, creo que la encontré. Humildemente te la explico a continuación.

Se trata en realidad de dos preguntas. La primera te soluciona el problema en el 95% de los casos. La segunda, en el 5% restante.

¿Te gustaría saber cuáles son? Vale, pues ahí vamos. La primera pregunta que te tienes que hacer cuando estés ante un problema importante es: "¿En qué la estoy cagando?". O dicho más fino: "¿Qué estoy haciendo mal?". Sencillo, ¿no?

Tendemos a echar la culpa de nuestros problemas a lo que sucede fuera de nosotros: a las decisiones del gobierno o del alcalde de turno, a la crisis económica, a la avaricia de los millonarios que dirigen el mundo, al mal tiempo, etc. Pero al final tú eres el ejecutor de todo lo que te sucede. Esto no quiere decir que puedas hacer o conseguir lo que quieras, sino que tienes unos recursos, más o menos limitados, y la capacidad de decidir qué hacer con ellos. Las cosas suceden y tú puedes reaccionar de una forma o de otra. Si tienes un problema es porque no estás reaccionando de la forma adecuada. Así de sencillo.

Por tanto, si mantienes durante 24 horas en tu mente la pregunta "qué estoy haciendo mal" y no buscas excusas ni culpables, en el 95% de los casos encontrarás tu error, tu patrón erróneo, tu *malware*. Una vez que lo tengas identificado, haz una limpieza, desinstálalo de tu mente e instala un nuevo programa que funcione mejor.

En un pequeño porcentaje de casos, que he situado a ojo en el 5% pero que seguramente es menor, no encontrarás esa solución. Hazte entonces la segunda pregunta: "¿Está mi conciencia lo suficientemente madura o preparada para comprender lo que me está pasando?". La respuesta ya te la adelanto: no. Así que tienes que hacer un acto de fe y soltar, confiar y continuar como buenamente puedas. O sea, entregarte, rendirte a la vida, que es más sabia que tú y que yo. Esa es la máxima expresión de la humildad: aceptar que a veces no podemos entender las cosas y, sencillamente, tenemos que levantarnos y seguir adelante.

Eso es lo que hice yo aquel día de verano volviendo de una visita comercial en Marbella. Te lo expliqué en los primeros capítulos,

¿recuerdas? Estaba desesperado, no entendía mi desánimo ni mi falta de energía. Llevaba semanas, meses incluso, preguntándome por qué y no daba con la respuesta. Hasta que me rendí a la vida y dejé que me llevara por donde quisiera. Y la vida, con su proverbial sabiduría, me ha llevado hasta este libro y hasta ti. Y estoy inmensamente feliz de estar aquí.

"Si mantienes durante 24 horas en tu mente la pregunta 'qué estoy haciendo mal' y no buscas excusas ni culpables, en el 95% de los casos encontrarás tu error."

Asumir nuestra responsabilidad es la única manera de reconocer nuestro patrón mental erróneo y corregirlo para la próxima vez. No hay fallos, sino más bien resultados. Todo depende de nuestra interpretación de lo que sucede.

Muchas personas tienden a delegar la responsabilidad de su vida en otros: en políticos, en médicos, en consultores, en psicólogos, etc. O en un padre, una madre, un jefe, un párroco o un líder. Todas estas personas cumplen su función y son necesarias en determinados momentos, pero no podemos delegar las grandes decisiones sobre nuestra vida en ellos.

El Universo (o Dios, según las creencias de cada cual) nos otorgó el libre albedrío para que nos hagamos responsables únicos y directos de nosotros mismos, de nuestras decisiones, elecciones y actos. Sin excusas ni culpables, pues la excusa o el culpable son como una cortina de humo que nos tapa el aprendizaje que necesitamos. Sólo así puedes avanzar, tener claridad mental y alcanzar tus metas y tus sueños.

El arte de la responsabilidad personal es en última instancia madurar como personas. Si no eres responsable no eres una persona madura, necesitas que te tutelen, que te guíen, como un niño pequeño. Por cierto, esto me recuerda a una teoría que Stephen Covey explica en su libro *Los 7 hábitos de la gente altamente efectiva*: que para disfrutar de un buen viaje y alcanzar tus metas en la vida tu pensamiento tiene que pasar por tres fases: la dependencia, la independencia y, finalmente, la interdependencia:

DEPENDENCIA:

Es la primera fase que tenemos todos los mamíferos incluidos los seres humanos. Nuestra identidad está muy condicionada por los padres, los amigos, la educación, la cultura, etc. Nuestros pensamientos, y por tanto nuestras decisiones, están muy condicionados y nos cuesta asumir nuestra responsabilidad. Suele acompañarnos hasta la adolescencia, donde ya solemos sacar nuestra propia personalidad.

INDEPENDENCIA:

Aquí ya solemos tener pensamiento crítico y cuestionar el *status quo*. Fruto de los errores y experiencias tomamos decisiones más responsables y enfocadas hacia nuestro bienestar. Se requiere de un autoconocimiento y una autoestima alta para no buscar excusas y culpables cuando las cosas no salen bien. Nos suele acompañar una o dos décadas, aunque en algun@s casos más.

INTERDEPENDENCIA:

Ya nos conocemos bien, nos aceptamos con nuestras virtudes y nuestras zonas erróneas, nos cuidamos con conciencia, elegimos bien nuestras relaciones personales y somos libres de pensamiento para decir NO sin culpa y sin miedo. Cuando llegamos a esta fase todo fluye mejor y ya no suele haber dramas ni comedias. Es cuando nos sentimos más nosotros mismos y tomamos decisiones inteligentes asumiendo el control pleno de nuestra existencia. Salimos de nuestra jaula mental, mostramos nuestra verdadera identidad y todo encaja... ¡como en un puzle de 10.000 piezas!

De estos tres estados cognitivos, ¿en cuál estás en estos momentos?

¿En cuál te gustaría estar?

Dedica un rato a pensar en esto porque es importante.

"Para disfrutar de un buen viaje y alcanzar tus metas en la vida tienes que pasar por tres fases: la dependencia, la independencia y, finalmente, la interdependencia."

Una de las frases que más recuerdo de mi abuelo es esta: "La vida es sencilla, lo difícil es ser sencillo uno mismo". En la época de mi abuelo vivían con un 1% de lo que tenemos nosotros y vivía infinitamente mejor porque no necesitaba tantas cosas. Nosotros, en cambio, lo tenemos todo y siempre nos falta algo.

Todo es muy sencillo, pero somos expertos en complicarnos la vida. Una forma de practicar la humildad es descomplicarte la vida. Decía el líder espiritual Osho: "Disminuye tu lista de deseos y aumentarás exponencialmente tu felicidad". Deseamos demasiadas cosas y por ahí no vamos bien. ¿Sabes uno de los secretos de las mujeres de la isla japonesa de Okinawa para ser las más longevas del planeta? Comer un 80% de lo que les pide el cuerpo. O sea, dejar de comer un poco antes de saciarse.

Todos somos esclavos del dogma del materialismo, de la acumulación. Esclavos de las corrientes y de las tendencias. El problema es que, cuando te quieres acordar, no te queda ni un 5% de consciencia. Te has liado tanto que no te sacan de tu lío ni los bomberos.

Lo más difícil en esta vida es despertarte en un mundo de dormidos; lo segundo más difícil es mantenerte despierto. A menos que te encierres en un convento o un monasterio estás todo el día recibiendo contaminación materialista. ¡Compra, compra, compra! ¡Aparenta, aparenta, aparenta! Todos los días soportamos una presión enorme: si no tienes un móvil de última generación no eres nadie, si no cambias el coche cada tres años no eres nadie, si no vives en una buena zona no eres nadie... Mensajes y más mensajes de los que no es fácil sustraerse.

Todos usamos demasiado el "yo" y el "mi": mi casa, mi coche, mi mujer, mi hijo, mi... ¡Déjate de "mi"! Tú no eres dueño de nada, eres un usufructuario. Se te ha entregado una vida, una familia, unos hijos, un planeta. Más aún, se te ha bendecido con esos dones. Y tú, en lugar de agradecerlo humildemente, disfrutarlo mientras está y despedirlo cuando se va vives con el miedo de perderlo. En lugar de vivir en el amor, vives en el miedo a vivir. En lugar de agradecer, exiges como si tuvieras derecho a todo eso que la vida, generosa, ha puesto en tu camino.

En lugar de vivir en el gozo permanente vivimos en el sufrimiento porque no aceptamos el peaje de vivir, o sea, que desde que naces te encaminas inexorablemente hacia la muerte y que todo lo que hay en medio es un regalo. Tenemos miedo a perder algo que en realidad no es nuestro, y con ese miedo lo único que hacemos es acelerar el proceso hacia la muerte con nuestras ansiedades, nuestra frustración, nuestras paranoias y nuestras neurosis. Todo eso son guerras mentales, complicaciones que nos inventamos porque, como decía mi abuelo, somos únicos para complicarnos la vida. Un león vive como un león y un cactus como un cactus. ¿Por qué no podemos vivir nosotros como simples seres humanos?

"Todo es muy sencillo, pero somos expertos en complicarnos la vida. Una forma de practicar la humildad es descomplicarte la vida."

Siempre vivo en la gratitud y desde ahí el mundo es abundancia, es oportunidad, es alegría... ¡es absolutamente maravilloso! Y cuando algo me sale mal o no me va bien, no echo la culpa a nadie, siempre me hago la famosa pregunta: "¿en qué la estoy cagando?".

Cuando entras en el mundo de la consciencia valoras sencillamente poder respirar, poder abrazar a alguien (bueno, si los virus no lo impiden), poder tomarte una caña con un amigo... ¡estar vivo! Te das cuenta de que deberíamos estar todo el día con la sonrisa pintada en la boca, como un payaso. No te ahorras los dolores, pero sí el sufrimiento (ya sabes aquello de "el dolor es inevitable, el sufrimiento es opcional").

Cuando eres consciente de lo insignificantes que somos, de que estamos vivos de puro milagro (de 500 millones de espermatozoides llegó uno y naciste tú), el hecho de haber nacido ya te parece un milagro y un regalo. A partir de ahí te dedicas a conservarlo: a cuidarte, protegerte, hacer lo que te gusta hacer y cuidar al prójimo como te gusta que te cuiden a ti. No cultivas el resentimiento ni el egoísmo ni ninguno de los elementos distorsionadores de la verdad que nos hacen infelices. Y no pides nada más, sólo quieres estar presente en cada instante.

Somos instantes. Todo el que murió ayer tenía planes para hoy. Así es la vida. ¿Por qué tenemos que esperar a que se vaya un ser querido o a que la vida nos dé un "leñazo" para despertar y agradecer el don que nos ha sido entregado?

"Siempre vivo en la gratitud y desde ahí el mundo es abundancia, es oportunidad, es alegría... ¡es absolutamente maravilloso!"

En resumen, nos miramos demasiado el ombligo. Y ahí, una vez que te cortan el cordón umbilical, ya no hay nada. Lo único que se acumula ahí es pelusilla.

Si en algún momento te pierdes entre la niebla del egocentrismo, la prepotencia, el narcisismo o la soberbia, busca el faro de la humildad. Recupera tu justa medida, aparca los dramas y las quejas, arremángate y ponte a trabajar la tierra, que es de donde nacen todos los frutos que de verdad nutren. Aprende el arte de soltar, de quitar lo que sobra para que quede lo que importa.

Todos los textos religiosos hacen referencia, de una forma u otra, a la importancia de la humildad y a su estrecho vínculo con la sabiduría. Un botón de muestra, extraído del Bhagavad Gita, texto sagrado del hinduismo:

"La humildad, la modestia, la no violencia, la tolerancia, la sencillez, (...) el dominio de uno mismo, (...) la renuncia al ego, (...) en ello consiste, así lo afirmo, el conocimiento. Lo contrario de esto es ignorancia".

Y no hay que olvidar que las religiones, con todos los defectos de aplicación que puedan tener, han servido de faro durante siglos a millones y millones de personas.

Faro 4: INTEGRIDAD
Haz siempre lo correcto

"La verdadera integridad consiste en hacer lo correcto, aun sabiendo que nadie sabrá si lo hiciste o no."
Oprah Winfrey, periodista y presentadora norteamericana.

Los faros, como sabes, son para orientarse durante la navegación cuando uno está desorientado. Y para no chocar contra las rocas y embarrancar durante el viaje de la vida o, como lo bautizó el antropólogo Joseph Campbell, el "viaje del héroe". Pero si existen es, justamente, porque muchos nos perdemos durante la travesía. Yo también, por supuesto. Ya te he explicado antes mi experiencia en Berlín y en los meses posteriores. Y esa no es la única vez, por supuesto. Me he sentido perdido en otros momentos de mi vida, como la mayoría. Es fácil extraviarse con todos los estímulos que nos rodean y que nos empujan a un materialismo vacío, a tener en lugar de ser. Es fácil que se distraigan con los cantos de sirena y se dejen arrastrar por ellos.

Digo esto para que no te sientas acomplejado/a, para que no te culpabilices si te sientes perdido/a en este momento de tu vida o en el futuro. Es normal y habitual, porque somos almas en un trayecto terrenal y las almas no siempre se manejan bien en este plano.

En esencia todo es sencillo, pero cubrimos esa esencia con mil capas hasta perderla de vista. Y luego el trabajo consiste en ir quitando esas capas una a una (las capas de la identidad que nos creamos, del ego), lo cual es doloroso, porque a veces se han pegado tanto al alma que las sentimos como si formaran parte de nosotros mismos.

En definitiva, no te alarmes ni te culpes, simplemente para un momento, detén el viaje y busca el faro que necesites en cada momento. Y si estás en medio de una tempestad tan terrible que ni siquiera eres capaz de levantar la vista y buscar un faro, resiste hasta que pase. No hay tempestad tan terrible que permanezca para siempre. A veces nuestro trabajo consiste sólo en resistir, en dejar pasar las nubes oscuras. Todos tenemos esa capacidad, se llama resiliencia o capacidad de superación.

Casi todos sufrimos alguna tempestad a lo largo de nuestras vidas, algún vuelco del destino que nos gira del revés y nos zarandea como a un muñeco. En esos momentos no hay faro que valga: lo único que sirve es agarrarse fuerte y dejar pasar la tormenta. Pero lo habitual es que nos perdamos por simples despistes nuestros, que nos desorientemos por prestar más atención a lo que viene de fuera que a lo que sentimos dentro. Para esos casos te servirá este libro y sus 12+1 faros.

Al final del libro te ofreceré una sencilla herramienta práctica para que hagas cada cierto tiempo un chequeo personal, o sea, el ejercicio de comprobar si estás en tu ruta. Y para que, si sientes que te has desviado, sepas encontrar de nuevo tu rumbo. El que te lleva de nuevo a una vida con sentido.

"En esencia todo es sencillo, pero cubrimos esa esencia con mil capas hasta perderla de vista."

La ambición por lo material, o por el reconocimiento ajeno, puede llevarte a perder uno de los valores que para mí siempre han sido esenciales: la integridad. Es hermana de la honestidad, pero no es exactamente lo mismo. Si la honestidad consiste en decir siempre la verdad aunque no te favorezca, la integridad va más allá: se trata de hacer siempre lo correcto, cuando te ven y cuando no te ven.

La persona con un corazón íntegro hace siempre lo correcto aunque nadie mire. No necesita público ni alabanzas. La integridad es para ella una forma de vivir en armonía con lo que le dicta su propia conciencia. Sus sentimientos y sus actos están en concordancia, aunque para ello necesite una gran dosis de valentía.

Hace un tiempo vi en televisión un experimento curioso. En una habitación había una diana de esas de velcro con las que juegan los niños, unas bolas y una marca en el suelo a una distancia de un par de metros. También había una cámara oculta. Los autores del experimento pedían primero a un grupo de niños de cuatro o cinco años que uno a uno entraran en la habitación, hicieran una tirada de bolas y avisaran al adulto para que entrara a contar la puntuación. Cuando los niños se quedaban solos, muchos de ellos hacían trampas: tiraban desde más cerca, repetían la tirada o incluso se acercaban a la diana y enganchaban directamente las bolas en el centro para tener más puntuación que los otros niños. Lo curioso es que después añadieron un sillón junto a la diana y dijeron a los niños que allí estaría sentada mientras tiraban una mujer que tenía la capacidad de hacerse invisible. En la siguiente tanda se ve como los niños, aunque se sienten tentados de volver a hacer trampa, se reprimen creyendo que hay alguien en el sillón y los está viendo. Algunos incluso se acercan al sillón para comprobar con las manos que en realidad no hay nadie, pero aun así no hacen trampa por si acaso.

El experimento es muy interesante. Primero porque se ve que con cuatro o cinco años los niños ya mienten y hacen trampas, aparentemente sin mucho complejo de culpa. ¿De quién lo han aprendido? Sí, de los adultos, especialmente de sus padres. No todos se comportan así, pero hay un porcentaje importante que lo hace.

Y segundo, cuando creen que alguien los vigila, se comportan siguiendo las normas. O sea, a esa tierna edad saben distinguir perfectamente lo correcto de lo que no lo es y están dispuestos a hacer lo incorrecto para obtener una ventaja frente a los otros niños cuando no se sienten vigilados. Terrible, ¿no? ¿Qué pasará si después, a lo largo de la vida, mantienen este comportamiento, este doble rasero? Pues que tendrán problemas con su entorno, problemas de relación, problemas con la ley, problemas con sus vecinos, problemas con su pareja, etc. Y todo eso, por más que desarrollen su capacidad de engañar y hacer trampas, su "trilerismo", les generará inestabilidad emocional, personal, familiar, laboral y social.

No podemos culparlos por actuar así. Ellos sólo son unos buenos imitadores de sus mayores. Lo que tenemos que hacer, especialmente si somos padres o queremos serlo algún día, es revisar nuestro comportamiento.

"La integridad va más allá: se trata de hacer siempre lo correcto, cuando te ven y cuando no te ven."

Todos necesitamos, en ese viaje del héroe, crecer, lograr hitos y superar obstáculos. En mi modesto viaje del héroe hasta hoy (tengo 48 años en el momento de escribir esto) he comprobado que cuanto más íntegro soy mejor me va. Por el contrario, cuando he descuidado inconscientemente esta pauta la vida me ha recordado, normalmente a través de hechos poco agradables, que ese no era el camino. Afortunadamente, siempre he recordado mis raíces (la palabras de mi abuelo, la educación y rectitud de mis padres, el ejemplo de mis hermanos) y eso me ha reconducido hacia la senda correcta. Si hay amor, inteligencia y propósito de enmienda, la vida suele otorgarnos una segunda oportunidad para hacerlo mejor.

¿En qué consiste, más en concreto, ser íntegro, actuar correctamente? En realidad todos lo sabemos, aunque tengamos contextos culturales distintos. Básicamente es no engañar, no robar y no hacer daño a nadie, ni físico ni psicológico. Y, yendo un poco más allá, ayudar a los necesitados, respetar las decisiones de los demás aunque no nos favorezcan y cumplir con las leyes que nos hemos dado democráticamente para poder convivir en paz.

Hacer lo correcto es una expresión que a algunas personas puede parecerles ambigua, porque ciertas cosas que para algunos son correctas para otros no lo son, y ciertas cosas que para algunos son incorrectas para otros forman parte de la normalidad. Por tanto, puntualizo que para mí hacer lo correcto significa hacer el bien. Aunque a veces la frontera entre el bien y el mal puede ser un poco difusa, pero en el 99% de los casos la tenemos clara. Todos sabemos en líneas generales lo que debemos hacer y no hacer para que nuestro comportamiento sea ejemplar, para que nunca nuestros hijos/as, nuestra familia, nuestros compañeros de trabajo o nuestros conciudadanos puedan afearnos nuestra conducta y avergonzarse de ella.

En última instancia, ser íntegro es actuar según tu conciencia. La conciencia no es un mero reflejo de un corpus legal de una determinada sociedad. Es una brújula interior que nos dice lo que está bien y lo que está mal en función de una serie de factores: la educación, la experiencia, la personalidad, la intuición, los valores... Una brújula que todos tenemos, aunque a veces no le hagamos caso.

Si todos fuéramos íntegros no harían falta policías, jueces, multas ni prisiones. Es una utopía, lo sé, pero puedes empezar, como apuntaba en el capítulo anterior, por cuidar tu pequeña parcela, por poner orden en tu vida, en tus valores y en tus decisiones. Eso sí depende sólo de ti.

Los japoneses, que pueden tener sus cosas, como todas las culturas, tienen sin embargo muy claro lo que es un comportamiento íntegro. Hay excepciones, claro, pero normalmente no verás un japonés que coja algo que no es suyo o que se encuentre algo en la calle y se lo quede. Al final somos lo que hacemos. Es decir, eres también lo que sientes y lo que piensas, pero lo que se proyecta afuera, a nivel social, es lo que haces. Lo deja muy claro el refrán popular: "Obras son amores y no buenas razones".

No pretendo cambiarte con estas palabras, pues sólo tú puedes cambiar tus "obras". Tan sólo me gustaría alertarte sobre tus patrones mentales erróneos, sobre los valores que no estás ejecutando y sobre cómo eso está minando tu deseo de vivir una vida con sentido.

"Todos sabemos en líneas generales lo que debemos hacer y no hacer para que nuestro comportamiento sea ejemplar."

Si no confías en ti, si no eres honesto/a, si no eres humilde y tampoco actúas con integridad, nunca serás una buena persona. Es así de sencillo. Y si no eres una buena persona nunca serás un buen empresario ni un buen líder. Tampoco serás un buen padre o una buena madre, ni un buen hijo o una buena hija. Ni un buen marido o una buena esposa. Porque todo empieza en casa. Eso es lo básico. Y lo avanzado es el dominio de lo básico, como veremos más adelante.

Tal vez, al leer esto, te parezca muy fácil u obvio ser una persona íntegra. Pero te reto a que me presentes una, tan sólo una, que lo sea totalmente, sin fisuras. Una que haya pagado siempre sus impuestos, que nunca haya agredido a nadie, que esté siempre dispuesta a ayudar a los necesitados, que nunca haya hablado mal de nadie, que... No creo que la encuentres. O, si la encuentras, será una entre un millón.

Por eso es importante que nos revisemos cada cierto tiempo. Nuestra tendencia, por miedo, por afán de superación o por lo que sea, es a saltarnos ciertas normas en nuestro favor. Si no estamos atentos, lo fácil es dejarnos llevar hacia ahí. Así que debemos estar atentos. Autoanalizarnos y reflexionar periódicamente. Lo malo no es tanto actuar mal como reincidir, o sea, actuar mal consciente y reiteradamente.

El problema es que de pequeños no nos instalaron bien el *software* de la integridad, como a los niños del experimento que comentábamos antes. Luego hemos ido poniendo parches, pero el software sigue teniendo sus agujeros. Lo ideal sería reinstalarlo, pero yo no sé cómo se hace eso, ni siquiera si es posible. Lo único que sé hacer es revisar mi conducta periódicamente para comprobar que mantengo mi integridad y, si en algún momento no lo logro, pedir perdón. Aquí entra de nuevo la humildad: aceptar que no somos perfectos y saber pedir perdón. Y perdonar a los demás, por supuesto. El que no perdona se cree moralmente superior al que comete el error, sin darse cuenta de que esa arrogancia es un error todavía peor.

La integridad, como la honestidad y el resto de virtudes, es en realidad un hábito. Cuando te acostumbras a confiar en ti, sueñas a lo grande; cuando te acostumbras a decir la verdad, te relacionas con todos con confianza; cuando te acostumbras a ser humilde, cada cosa que te sucede es un privilegio y vives en la más absoluta abundancia; y cuando te acostumbras a actuar con integridad no te planteas que otra cosa sea posible y vives con paz interior.

De la misma forma que sólo puedes proyectar afuera lo que cultivas en ti, sólo puedes cultivar en ti lo que proyectas afuera. Es un camino de ida y vuelta. Por eso es importante que te preguntes qué proyectas. Pregunta a las personas de tu alrededor si te consideran una persona íntegra o no. Y no tomes sus respuestas como ataques a tu persona, sino como una forma de mejorar.

"La integridad, como la honestidad y el resto de virtudes, es en realidad un hábito."

Si en algún momento dudas entre qué es correcto y qué no, entre qué opción representa el bien y cuál el mal, la cosa quedará en manos de tu conciencia. Pero en el fondo, y lo sabes, es sencillo. Te lo diré en cinco sencillas frases que podría decir a mis hijas porque las entenderían perfectamente:

la sinceridad es correcta, el engaño no

la lealtad es correcta, la traición no

la generosidad es correcta, la avaricia no

la responsabilidad es correcta, la irresponsabilidad no

la bondad es correcta, la maldad no

Una de las frases que más recuerdo de mi abuelo, Francisco Ruíz Ranea, y que más me marcaron es esta: *"Lo más importante de una persona es su palabra".* Las personas íntegras son aquellas que cumplen con su palabra, que son leales y coherentes, que tienen autodisciplina y control emocional, que se respetan a sí mismas y a los demás y que actúan con responsabilidad respecto a su propia vida y a la vida de los demás. Suelen tener un propósito de vida claro y alcanzar las metas que se proponen, entre otras cosas porque son muy disciplinadas y mantienen la coherencia entre lo que piensan, lo que dicen y lo que hacen. Ghandi decía justo esto: que la felicidad se alcanza cuando logras que coincida lo que piensas con lo que dices y lo que haces.

¿Sabes por qué a estas personas les va mejor en la vida? Porque su integridad las convierte en personas confiables. Se crean una reputación y la gente a su alrededor sabe que son de fiar. La gente quiere tenerlas cerca, quiere hacer negocios con ellas, quiere tenerlas en su equipo, etc. Las empresas, como cualquier otra organización, se sostienen gracias a las personas íntegras y se derrumban por culpa de las que no lo son.

Si tienes una empresa o eres autónomo/a, la mejor campaña de marketing que puedes hacer es actuar con integridad, hacer siempre lo correcto. Eso incluye hacer siempre lo mejor para tus clientes, pensar en su beneficio. Si alguna clave puedo destacar de mi éxito empresarial es esa: que siempre he puesto los intereses de mis clientes por encima de los míos. Al final, los clientes quieren tratar con personas que les inspiren confianza, que les traten con afecto, que sean auténticas y, por supuesto, que sean competentes. La integridad aúna todas estas cualidades y tiene un impacto brutal en el éxito de un negocio o de cualquier otro proyecto.

Lo mismo sucede cuando tienes que contratar a alguien para un puesto de trabajo. Es muy sencillo: ¿a quién prefieres, a una persona que es excelente en lo suyo pero de moralidad dudosa o a una persona que a lo mejor no es tan buena pero que es de fiar y tiene ganas de aprender? Por eso las personas íntegras tienen muchas más oportunidades en la vida para prosperar y crecer. Las relaciones se sostienen en la confianza; sin confianza, no hay relaciones que valgan la pena. Y las personas íntegras construyen relaciones y vínculos fuertes entre sí.

Al final, cuando el tránsito de nuestra alma por esta experiencia terrenal acabe, seremos básicamente el recuerdo que hemos dejado en los demás. ¿Quieres que se te recuerde como una persona digna de confianza o como alguien poco fiable? Tú eliges.

La integridad no se aprende en los libros, sino que se siente y se defiende. Defiende tu integridad como a tu propia vida. Pon límites a aquellos que te induzcan a decir o hacer algo en lo que no crees. No dejes nunca de reconocerte frente al espejo cada vez que te mires. Sé el mejor ejemplo para tus hijos y para la sociedad.

"Las personas íntegras son, como decía mi abuelo, aquellas que cumplen con su palabra, que son leales y coherentes, que tienen autodisciplina y control emocional, que se respetan a sí mismas y a los demás y que actúan con responsabilidad respecto a su propia vida y a la vida de los demás."

Faro 5: COMPROMISO
Trabaja con pasión

"El deseo es la llave de la motivación, pero son la determinación y el compromiso con la excelencia los que te permitirán alcanzar el éxito."
Mario Andretti, ex piloto de automovilismo.

Querido amigo, querida amiga. Me hace muy feliz que hayas llegado hasta aquí. Eso significa que algo de lo que vas leyendo te resulta útil o inspirador, o como mínimo te hace compañía. Ese y no otro es mi objetivo, lo que me mueve a hacer el esfuerzo de escribir este libro, pues como ya te he comentado, a mí lo que me gustaría es estar contigo en persona charlando. No hay nada que más me guste y me enriquezca que conocer personas nuevas y compartir momentos con ellas y con las que ya forman parte de mi vida.

Quiero hablarte ahora del compromiso, otro de los valores que me parecen vitales para tener una vida con sentido, para no perderte en un mundo plagado de estímulos que a veces nos desvían de nuestro camino. Y para hacerlo voy a hablarte un poco de mi vida, que es la que tengo más a mano.

Como ya te he comentado, dejé de estudiar muy pronto, a los 16 años, pero no porque fuera un mal estudiante. De hecho, era un alumno brillante, modestia a parte, con una media de sobresaliente en toda la Enseñanza General Básica, nuestra antigua EGB. Era muy curioso y preguntón, el típico que siempre levantaba la mano para preguntar a los profesores. Ya por entonces tenía clara mi filosofía, que coincide con ese famoso proverbio chino: el que hace una pregunta es ignorante cinco minutos, el que no la hace lo es toda la vida.

Ya entonces tenía un gran afán de aprender, de atesorar conocimientos e incluso, de forma inconsciente, de buscar mi propia verdad. Además, era bastante bueno en artes plásticas (supongo que por eso se me da bien ahora pintar), en ajedrez y en matemáticas, pues tenía mucha agilidad mental. Lo único que no se me daba demasiado bien eran los deportes, porque cuando era pequeño tenía problemas de amígdalas y me operaron, por lo que empecé a coger peso.

No sé cómo habría sido mi vida si hubiese podido acabar el bachillerato e ir a la universidad. Me gustaba mucho el dibujo técnico, el diseño y la creatividad, y me imaginaba siendo arquitecto o constructor o algo parecido. Pero no pudo ser. Mi padre, que era albañil, invirtió todos sus ahorros para montar un bar y pidió un préstamo de cinco millones de pesetas. En aquel momento los intereses eran brutales, del 22%, de manera que los cinco millones de deuda eran en realidad diez. Y el negocio no daba suficiente. Mi padre no sabía idiomas y la clientela en la Costa del Sol a principios de los 90 eran principalmente extranjeros. Algunos entraban y, al ver que no los entendían, salían y se iban a buscar otro local. Tampoco podía contratar a ningún camarero cualificado porque estaba asfixiado por el préstamo. Así que lo hablamos en familia y decidimos que todos nos volcaríamos en el negocio: mi madre en la cocina y mi hermano y yo de camareros. Por supuesto, todos sin sueldo.

Dejé los estudios y me pasé de los 16 a los 20 años trabajando en el bar muchas horas diarias sin cobrar, es decir, contribuyendo al proyecto familiar. Con lo que me gustaba estudiar, lo más normal habría sido sentirme triste y hacer mi trabajo a regañadientes, incluso con enfado. Lo más normal habría sido que me pareciera un castigo de la vida. Pero no fue así. Desde el principio me lo tomé como un reto y le puse ganas, incluso pasión, porque vi que podía ser una forma diferente de aprender. Y así fue. Aquel bar se convirtió en una escuela fantástica. Allí aprendí a tratar con los clientes. Aprendí algo que me ha servido durante el resto de mi vida y que ha hecho que mis negocios tuvieran éxito: que si trabajas con pasión y pones la satisfacción del cliente por encima de todo es muy difícil que te vaya mal en un negocio. Puede venir una pandemia como la Covid-19, por supuesto, pero si sigues trabajando de esa manera, seguro que remontarás y al final te irá bien. Como le fue a mi padre, que con la ayuda de la familia consiguió reflotar el negocio y sacarlo adelante.

"El compromiso es un valor vital para tener una vida con sentido, para no desviarte de tu camino."

La clave fue, curiosamente, que no tenía un sueldo. O sea, como no trabajaba por dinero tuve que buscar algún aliciente, alguna motivación. Así que, como un chaval alegre y gracioso, derrochaba amabilidad con los clientes y me sacaba unas buenas propinas. ¡Incluso contaba chistes! Y con lo que conseguía con las propinas salía algunas noches de marcha con las guiris y me lo pasaba bomba.

Así que, por accidente o por pura supervivencia, aquello forjó mi carácter. Me enamoré de los clientes y encontré en su satisfacción la mía propia. No lo hacía sólo por sacarme más propinas, sino porque iba con mi forma de ser. Me daba cuenta de que al tratarlos bien se abrían y me permitían aprender mucho de otras vidas y otras culturas. Es decir, me permitían saciar en parte mi ansia de conocimiento, que seguía intacta.

Desde entonces nunca he trabajado por dinero, sino por aprender y por la satisfacción de hacer las cosas bien y dejar un buen recuerdo en mis clientes. Y eso es justamente lo que me ha llevado a triunfar. El dinero ha llegado como consecuencia de la satisfacción de mis clientes, pero no porque haya sido mi prioridad. Nunca ha sido el objetivo principal en ninguno de mis negocios, ni en los restaurantes ni en las empresas inmobiliarias que tuve después, cuando me independicé de mi padre a los 23.

Cuando pones pasión en lo que haces y te comprometes con tu trabajo, automáticamente todo conspira a tu favor. Y mucho más si apartas el dinero de tu foco y en su lugar pones la satisfacción del cliente. Muchas personas piensan que vender consiste en convencer al posible cliente de que tu producto es el mejor, pero en realidad no es eso. Vender consiste, por encima de todo, en ayudar y ser útil, en convertirte en un medio para cubrir la necesidad de una persona. Vender es ayudar.

Si te cuento todo esto no es, como te vengo diciendo desde el principio del libro, para alardear de lo bien que lo hago yo, sino para desvelarte lo que he ido descubriendo a lo largo de los años y lo que a mí me ha funcionado. Eres totalmente libre, por supuesto, de aplicar tus propios criterios y hacer tu propio proceso de prueba-error. Pero, por favor, hazlo siempre tratando de ser útil. Con pasión, incluso con devoción. Si lo haces así, independientemente de lo que cobres por hacerlo, tu trabajo siempre servirá para mejorar la vida de alguien. Hará que te sientas orgulloso/a y siempre tendrá sentido.

"El dinero me ha llegado como consecuencia de la satisfacción de mis clientes, no porque haya sido mi prioridad."

Algunas personas, dicho sea con todo respecto, no van a trabajar: se arrastran hasta el trabajo. Parece que las lleven al cadalso o al monte Calvario. Los ves con tan pocas ganas de hacer nada que dan hasta lástima. Siempre buscan excusas para escaquearse y, si no pueden, hacen su trabajo con una cara de palo que les llega al suelo. ¿Qué transmiten estas personas a su entorno? Apatía, fatiga, desmotivación e infelicidad. Y ya se sabe que lo que uno cultiva es lo que uno recoge.

Algunas de ellas dicen: "Es que no me gusta mi trabajo, lo hago sólo por dinero. Estaré contento cuando pueda trabajar en lo que realmente quiero". Y así se pasan años tristes o enfadados porque no trabajan en lo que quieren. ¿No te parece un desperdicio? Espero que no seas una de estas personas, porque si lo eres tengo una mala noticia para ti: la vida se te está escapando mientras esperas a que llegue lo que quieres. Porque, como reza esa sabia frase atribuida a John Lennon: "La vida es eso que te sucede mientras estás ocupado haciendo otros planes".

No puedes esperar a que todo te vaya como tú quieres para estar alegre. De hecho, funciona justo al revés: cuanto antes estés alegre, antes te irá como tú quieres. No siempre podemos hacer lo que queremos, pero siempre podemos elegir la actitud con la que lo hacemos. Como dice esa otra frase tan conocida: si no puedes hacer lo que amas, al menos ama lo que haces.

Tu trabajo te va a ocupar gran parte de tu vida, así que no podrás disfrutar de una vida feliz si no le pones pasión a tu trabajo. O lo que es lo mismo: si no te comprometes con lo que hagas en cada momento, sea lo que sea. El compromiso es una actitud indispensable para tener éxito, tanto en lo personal como en los profesional. Porque cuanto más comprometido estás, más efectivo eres en lo que haces y más fácilmente puedes alcanzar tus metas.

Si no te comprometes contigo, con tu trabajo y con tus clientes (aquellos a los que prestas servicio, sea lo que sea lo que hagas), difícilmente podrás mantener la motivación día tras día. Y al contrario: si te comprometes, mayor motivación tendrás, mejor resultado alcanzarás y, de paso, mejor te lo pasarás. Los mejores trabajadores no son los que tienen mejores habilidades, sino los que están más comprometidos con la empresa. No importa que una persona no sepa: si se compromete aprenderá. Un empresario puede enseñar al que no sabe, pero no puede motivar a alguien que no quiere ser motivado.

Ante cualquier trabajo siempre hay al menos dos actitudes posibles, una negativa y una positiva. Lo resume muy bien la fábula de los dos albañiles. Cuentan que había dos albañiles trabajando en una obra, uno levantando una pared de ladrillos y el otro otra. Preguntaron al primero en qué consistía su trabajo y, resignado y aburrido, contestó: "Pues ya lo ves, en poner un ladrillo encima de otro". Entonces preguntaron al otro, que risueño contestó: "Me dedico a construir casas para que las personas vivan en ellas y sean felices".

Cuando hacemos bien nuestro trabajo no sólo conseguimos un resultado, mejor o peor, sino que mejoramos la vida de alguien. Y cuanto más nos comprometemos, más personas se benefician de nuestro esfuerzo.

"No puedes esperar a que todo te vaya como tú quieres para estar alegre. De hecho, funciona justo al revés: cuanto antes estés alegre, antes te irá como tú quieres."

No importa el oficio que tengamos, todos somos dignos y muy necesarios para la sociedad. Algunos trabajos se pagan mejor que otros, pero toda persona y toda profesión tienen un impacto importante en nuestra vida en común. Y no te lo digo desde una posición de superioridad: como acabo de explicarte, he trabajado como camarero durante muchos años y considero que mi trabajo era entonces tan útil como el que hago ahora.

Lo que marca la diferencia es la actitud que cada persona escoge tener día a día hacia su trabajo y en su trabajo. Puedes considerar que tu esfuerzo no está lo suficientemente bien retribuido, es algo legítimo. Pero eso no es incompatible con mantener una actitud positiva, comprometida, hasta que puedas acceder a otro puesto mejor retribuido. De hecho, seguro que te surgen más oportunidades de lograr un trabajo mejor o una mejor retribución si tu actitud es buena.

Si tomas consciencia de que tu trabajo es útil y mejora la vida de otras personas, te sentirás mucho mejor haciéndolo. En lugar de cansarte, sentirás la energía del compromiso, que es una energía triunfante, inagotable. Es una cuestión de salud mental: ¿qué es mejor, vivir amargado/a y transmitiendo esa amargura a tu alrededor o, por el mismo precio, sonreír, ser amable y ofrecer tu mejor versión hasta que las circunstancias, los ingresos, la formación o lo que sea nos permita desempeñar una labor que nos llene o que esté en concordancia con nuestro talento innato o nuestro propósito de vida?

De hecho, y esto va dirigido especialmente a los más jóvenes, es muy difícil que tus primeros trabajos sean los que realmente te gustaría tener. Lo normal es empezar con algo que te permita ir adquiriendo experiencia y aprendiendo, aunque no sea "el trabajo de tu vida". En realidad, lo que llamamos "el trabajo de mi vida" es más una fantasía que una realidad, porque más que trabajos ideales existen actitudes ideales. Una actitud ideal es la que tenía, por ejemplo, el desaparecido y admirado jugador de baloncesto Fernando Martín, que salía a darlo todo en cualquier partido que jugaba, tanto si era una pachanga como una final con la selección española. A veces, en el vestuario, algunos de sus compañeros se quejaban cuando el partido no les motivaba, y él los animaba con una frase sencilla pero profunda: "Todos los partidos hay que jugarlos".

"Lo que marca la diferencia es la actitud que cada persona escoge tener día a día hacia su trabajo y en su trabajo."

Lo agotador, en realidad, no es trabajar, sino hacerlo sin dar todo lo que llevamos dentro. No sé si te gusta algún tipo de actividad física, pero ¿no has notado que te sientes mucho mejor cuando lo das todo y llegas a la cama rendido/a que cuando te esfuerzas lo mínimo para salir del paso? Eso es porque la satisfacción no está sólo en el cuerpo, sino en la mente, y esta descansa cuando se vacía.

Insisto: no digo que el tema económico no importe, pero una vez en harina hay que olvidarse de eso y entregarse al desempeño del trabajo con devoción, dedicación, esmero y espíritu de mejora constante para llegar a la excelencia (más adelante hablaremos del *kaizen* o "proceso de mejora continua"). Si eres barrendero, que las calles queden relucientes; si eres albañil, que las casas queden bien acabadas y acogedoras; si eres periodista, que tus lectores o tus oyentes reciban la mejor información; y si eres camarero, que tus clientes se vayan con una sonrisa en los labios.

Y cuando seas cliente, sé agradecido/a con los que te prestan sus servicios. Porque todos somos humanos y nos gusta que se reconozca nuestro trabajo. Como en aquella fábula en que un hombre muy rico sufre un infarto, lo llevan de urgencias y le dicen que tiene que operarse del corazón. Entonces llama al hospital Mount Sinaí de Nueva York y contrata al mejor cirujano y al mejor anestesista. Coge su avión privado, lo llevan al hospital, lo operan y, contra todo pronóstico, muere en la operación. Cuando llega al cielo se encara a San Pedro y le dice: "Oye, esto debe ser un error, porque yo en persona he contratado al mejor cirujano y al mejor anestesista del mundo. Les pagué un dineral para que me operaran". Y San Pedro le contesta: "Sí, pero cogiste un virus porque el material quirúrgico no estaba bien desinfectado. La enfermera que se encarga de eso lleva 20 años haciéndolo y ese día estaba un poco desmotivada y tuvo un descuido. Como nadie la tiene en cuenta ni le da las gracias...".

Más allá del reconocimiento que recibas por tu trabajo, lo importante es que tú creas en su utilidad. Es una cuestión mental, psicológica. Si tú estás convencido/a de que lo que haces es útil y de que lo estás haciendo lo mejor que puedes, lo que opinen los demás está de más, como dice aquella canción de Mecano. Si no te emocionas tú con lo que haces no podrás emocionar a los demás. Y lo que no emociona no funciona. Cien por cien demostrado por todas las investigaciones realizadas en los últimos años sobre neuromarketing: compramos mucho más con el corazón que con la razón.

"Lo agotador, en realidad, no es trabajar, sino hacerlo sin dar todo lo que llevamos dentro."

La voluntad es la energía más poderosa del universo. Cuando uno está alineado con su propósito y comprometido con él, los resultados son espectaculares. Lo han demostrado muchos deportistas, científicos, empresarios, artistas, etc. Te invade un pensamiento que dice: "Lo voy a hacer porque lo quiero hacer y porque lo que yo hago es importante". Y ese pensamiento guía tus pasos y derrumba obstáculos. Y cuando no puede derrumbarlos te da la fuerza para volver a levantarte y seguir intentándolo (más adelante hablaremos también de la resiliencia).

La persona comprometida con su pasión, sea la que sea, sigue el mandato de su corazón independientemente de lo que la gente piense u opine. Y no le importa trabajar las horas que hagan falta, porque en realidad no lo vive como un sacrificio, sino como una vía de realización personal, de crecimiento personal, de dignificación de la propia vida.

Cuando era camarero, como te explicaba al principio de este capítulo, trabajé como un salvaje, pero nunca he dejado de hacerlo. Cuando ya tuve mis propios restaurantes me acostaba tarde y me levantaba de madrugada para ir a comprar el mejor pescado para mis clientes. Por eso volvían y eran fieles, porque los trataba como trataría a cualquiera de mi familia.

Si hay algún secreto para tener éxito es amar lo que haces. Eres lo que amas. ¿Amas a tu familia? Pues tu familia irá bien. ¿Amas a tus amigos? Pues tus amigos irán bien. ¿Amas a tu mascota? Pues tu mascota irá bien. ¿Amas tus plantas? Tus plantas irán bien. ¿Amas tu trabajo? Tu trabajo irá bien.

Hagas lo que hagas, disfrútalo, aunque no sea lo ideal. Ya sabes lo que dice el refrán: "Lo perfecto es enemigo de lo bueno". No esperes a que todo sea perfecto para disfrutarlo. Intenta mejorar tus condiciones, tu sueldo, tus recursos, etc. Fórmate más, haz contactos, mejora como persona y como profesional, pero por el camino no dejes de disfrutar. Algunas cosas no dependen de ti, pero disfrutar de lo que tienes en cada momento o amargarte es cosa tuya. Es tu elección.

"El compromiso es la energía más poderosa del universo. Cuando uno está alineado con su propósito y comprometido con él, los resultados son espectaculares."

Faro 6: ATENCIÓN
Enfócate en tus prioridades

"Para cambiar tu vida, necesitas cambiar tus prioridades".
Mark Twain, escritor y orador estadounidense.

Ya lo hemos comentado en alguno de los faros anteriores, pero no está de más insistir: el mundo en el que vivimos está tan abarrotado de estímulos de todo tipo (de apps, de plataformas de vídeo, de canales de televisión y de reclamos publicitarios para que consumamos todo tipo de productos) que lo difícil es mantenerse centrado y concentrado en algo. ¿Te imaginas lo fácil que debía ser para alguien en la Edad Media mantener la atención en su actividad diaria? No digo que haya que volver a la Edad Media, claro, pero tal vez sí deberíamos simplificar un poco nuestra vida para enfocarnos en lo verdaderamente importante.

¿Y quién decide qué es lo verdaderamente importante? Tú. Sólo tú. Porque lo importante para ti puede no serlo para otra persona, y viceversa. Afortunadamente tienes la capacidad y la libertad de dirigir el foco de tu atención hacia lo que a ti te interesa y, mediante esa atención, decidir hacia dónde encaminar tu vida. El problema es que, debido al exceso de estímulos que te comentaba antes, a nuestras inseguridades y a nuestra necesidad de sentirnos integrados en la sociedad, nos despistamos con facilidad y dejamos de ejercer esa libertad. En lugar de luchar por nuestros objetivos acabamos intentando tener una vida como la de un *instagramer* o jugando durante horas al Candy Crash. Y, si no ponemos conciencia, van pasando los años y nos alejamos de nuestra esencia, de nuestros talentos, de nuestra misión en la vida.

Cuando nos alejamos de nuestro camino, el alma suele enviarnos pequeños avisos a través del cuerpo para advertirnos de que no vamos bien. Al principio pueden ser simples contracciones musculares o dolores de cabeza, pero si no le hacemos caso el cuerpo empieza a gritar más fuerte. Entonces nos trae enfermedades graves, como depresiones o incluso cánceres. O sea, nos da el Gran Leñazo. Es como si nos metiéramos sin darnos cuenta en un microondas. La vida primero te lo pone en el uno, pero si no lo pillas lo sube al dos. Y si sigues sin pillarlo, al tres. Nunca viene de golpe el Gran Leñazo, siempre hay pequeños leñazos antes, señales que si no estamos atentos no sabemos ver.

En mi caso el gran aviso fue una crisis de pánico y una depresión moderada. Y no pasó de ahí porque ya llevaba un tiempo atento y era consciente de que algo no iba del todo bien en mi vida. De hecho, aunque no te lo he contado en los capítulos anteriores para no avasallarte con demasiada información, un par de años antes del jamacuco de Berlín experimenté algo que hizo saltar mis alarmas. Fue una extraña pero muy clara sensación interna de asco. En aquel momento ya tenía a mi familia, gozaba de cierta estabilidad económica y tenía reconocimiento en mi sector, el inmobiliario, al menos a nivel local. Dentro de mi nivel de conciencia de entonces estaba contento con la persona que era y la vida que tenía. Sin embargo, sentía que me faltaba algo. Y el cuerpo lo expresó con aquella sensación de asco que sentía claramente en la tripa, una especie de náusea que no había sentido antes.

Es cierto que a partir de aquel momento empecé a asistir a cursos de crecimiento personal, pero todavía los enfocaba principalmente a mi negocio, a mejorar mi rendimiento. Lo cual estaba bien, pero no era suficiente. No era realmente lo que la vida tenía previsto para mí ni lo que yo empezaba a sentir que era mi misión en la vida. Por eso vino lo que vino después. La vida puso el microondas en el tres y no tuve más remedio que escucharla.

"Afortunadamente tienes la capacidad y la libertad de dirigir el foco de tu atención hacia lo que a ti te interesa y, mediante esa atención, decidir hacia dónde encaminar tu vida."

A veces miro a mi gato y pienso que nosotros, los seres humanos, también tenemos siete vidas. ¿Te has parado alguna vez a pensar en todas las ocasiones en tu vida en que has estado a un paso de morir? No me refiero a situaciones extremas, como perderte en un desierto sin agua o sobrevivir milagrosamente a una explosión de gas en tu edificio. Me refiero a cosas más cotidianas. Por ejemplo, aquella vez que ibas conduciendo y hablando por el móvil y casi te sales de la carretera. O aquella otra en que siendo niño te caíste de la bici por un terraplén y te frenaron unos arbustos antes de chocar contra un pino. Estas no las contamos, pero están ahí. Son segundas o terceras oportunidades que nos regala la vida para que la aprovechemos.

No somos conscientes de la fragilidad de la vida hasta que estamos a punto de perderla. Lo dice muy sabiamente el Dalai Lama: "Lo que más me sorprende del hombre occidental es que pierde la salud para ganar dinero y después pierde el dinero para recuperar la salud. Y por pensar ansiosamente en el futuro no vive el presente, por lo que no vive ni el presente ni el futuro. Y vive como si no tuviese que morir nunca, y muere como si nunca hubiera vivido". Fíjate en esta última frase: vivimos como si no tuviésemos que morir nunca, por lo que acabamos muriendo sin haber vivido.

Dime una cosa: si supieras que te queda un año de vida, ¿dedicarías el tiempo a las mismas cosas que ahora? Si tu respuesta es sí, probablemente estás en tu camino. Si tu respuesta es no, probablemente necesitas cuestionarte tus prioridades actuales. Y, sobre todo, si les estás dedicando el tiempo necesario.

No sólo vivimos como si nunca fuéramos a morir, como dice el Dalai Lama, sino que damos la vida por sentada, como si fuera un derecho en lugar de ser un regalo. Tus actividades diarias cambian cuando eres consciente de que cada día nos regalan 24 horas para hacer con ellas lo que queramos. Si ves el tiempo como un regalo, como algo precioso y finito, lo aprovechas y lo disfrutas, no lo malgastas.

Tal vez te quede mucha vida por delante (eso espero, querido amigo, querida amiga), pero no puedes vivir de espaldas a una realidad: tu tiempo es limitado y algún día se acabará. ¿Quieres llegar al final de tu vida sin haber vivido?

Hace un tiempo me explicaron un ejercicio de *coaching* muy interesante y muy revelador. Consiste en cerrar los ojos e imaginar que estás en una cama de hospital y que el médico te dice que no pueden hacer nada por ti y que te quedan apenas unas horas de vida. En ese momento miras atrás y contemplas tu vida en perspectiva. Y te haces la siguiente pregunta: ¿qué cosas no he hecho que habría querido hacer? Cuando tengas la respuesta en tu mente, abre los ojos y escribe eso que no has hecho en un papel. Ponlo en algún lugar visible para recordártelo todos los días, porque esas deben ser tus prioridades a partir de ahora.

"No somos conscientes de la fragilidad de la vida hasta que estamos a punto de perderla."

Como dice el actor Scott Caan, hijo del mítico James Caan, "las cosas buenas suceden cuando estableces tus prioridades".

Yo añadiría algo: no basta con establecer tus prioridades: debes mantener el foco en ellas, o sea, resistir el embate de los mil y un estímulos externos que pueden distraerte. Ahí está el trabajo a hacer. No es fácil, pero si lo fuera no estarías aquí leyendo ni yo escribiendo.

La atención es como todos los hábitos: cuestión de práctica. Lo primero es eliminar de nuestra vida todo aquello que reste más de lo que suma. Si alguien no te trata bien, fuera. Si el trabajo es un nido de víboras, fuera. Si en la ciudad hay demasiado ruido y no puedes centrarte, ¡fuera! Ya sé que no es fácil ni se puede hacer todo de golpe, pero es necesario que elimines de tu vida todo aquello que te lastre si quieres avanzar.

Un árbol tiene raíces y un ser humano tiene piernas. ¿Por qué crees que es así? Pues para que podamos cambiar de lugar siempre que queramos. No hace falta echar raíces en un mismo sitio para el resto de la vida. Si somos bienvenidos y nos tratan bien, nos quedamos. Si no, nos vamos. Podemos cambiar de lugar tantas veces como queramos. Por eso me gusta la metáfora del mar y los faros. Nosotros somos los navegantes que vamos de un puerto a otro buscando nuestro sentido, persiguiendo nuestro propósito. Allí donde encontramos un buen puerto, atracamos durante un tiempo. O paramos en una cala y lanzamos el ancla. Y cuando sentimos que es hora de partir, levamos ancla y a navegar.

El problema a menudo es que tenemos demasiadas anclas en nuestro barco. Nos anclamos a un trabajo, a una persona, a una ciudad, a una familia, etc. ¿Crees que se puede navegar ligero con tantas anclas? ¡Imposible! Por muy claras que tengas tus prioridades, si no cortas amarras con lo que te ancla no podrás centrarte en ellas. No podrás navegar hacia tu destino.

"No basta con establecer tus prioridades: debes mantener el foco en ellas."

Seguro que has oído hablar de la famosa Ley de la Atracción, según la cual atraes a tu vida aquello en lo que centras tus pensamientos. No sé si esta ley es infalible (la Wikipedia la califica de "pseudocientífica"), pero sí te puedo decir algo: allí donde pones tu atención va tu energía, y la energía es imprescindible para crear cualquier cosa o alcanzar cualquier objetivo. La energía es pasión en pos de una ilusión. Si no tienes ilusiones ni haces una buena gestión de tu tiempo y tu energía, te pierdes en el limbo.

Según el neurocientífico Antonio Damaso, tenemos alrededor de 80.000 pensamientos al día. La mayoría son dispersos e involuntarios, pero ¿te imaginas la fuerza que podemos tener si logramos que la mayoría de esos pensamientos se concentren en una sola dirección, si los enfocamos en nuestras prioridades de manera sostenida en el tiempo? La atención es justo eso: la concentración de nuestra energía mental en un punto, en un objetivo, en una dirección.

Los deportistas más míticos de la historia tienen en común esa capacidad de concentrar su mente en un objetivo. Dos casos clarísimos son los de Tiger Woods y Michael Jordan, cuyas vidas se han recogido recientemente en sendos documentales que puedes ver en la plataforma Netflix. Sin entrar en sus conflictos emocionales y en sus relaciones familiares, que a veces les llevaron a ser muy infelices, ambos desarrollaron la capacidad de focalizarse en objetivo (ser los mejores en su deporte, el golf y el baloncesto, respectivamente) y de concentrar su energía, mental y física, en la consecución del mismo. Eso, junto a un talento natural innegable, les dio la fuerza necesaria para entrenar horas y horas, día tras día, año tras año.

Luego hablaremos de la filosofía de la mejora continua, pero ahora lo que me interesa es que veas el poder que tiene la atención cuando somos capaces de mantenerla en algo durante el tiempo suficiente. ¡Te aseguro que es brutal!

La atención es la energía que te conduce con firmeza por tu camino. Es un poco como el algoritmo de Google, salvando las distancias. ¿Te has fijado en que cuando buscas información sobre un tema en Google te aparece durante un tiempo publicidad de eso que has buscado? Pues la vida tiene un mecanismo similar: si pones tu atención en algo, la vida te va poniendo delante todo eso que tiene que ver con tu búsqueda. Aunque en realidad esto es una metáfora: no es que la vida te lo ponga, sino que tú estás atento/a y eres capaz de detectarlo. En psicología lo llaman "sesgo de confirmación", que se define como "la tendencia a favorecer, buscar, interpretar, y recordar la información que confirma las propias creencias o hipótesis, dando desproporcionadamente menos consideración a posibles alternativas". Es decir, cuando centras tu atención en algo, parece que todo lo que te sucede tiene que ver con ese "algo". El ejemplo típico es el de la persona que se quiere comprar un coche de un determinado modelo y durante un tiempo ve muchísimos coches del mismo modelo, tanto que se dice: "¡Todo el mundo tiene ahora este coche!". En realidad, lo único que pasa es que el deseo del coche le lleva a enfocar su atención en una parte de la realidad. La que le interesa en ese momento.

"Allí donde pones tu atención va tu energía, y la energía es imprescindible para crear cualquier cosa o alcanzar cualquier objetivo."

Por tanto, si nuestra energía va donde ponemos nuestra atención, ¿no deberíamos estar más atentos a dónde la ponemos? ¿No deberíamos esforzarnos para concentrarla en aquello que es importante para nosotros en lugar de dispersarla en pensamientos, sentimientos o actos que no están alineados con nuestro propósito ni con el sentido que queremos darle a nuestra vida?

Debemos convertirnos en centinelas de nuestra atención, ser nuestros propios observadores para no dejarnos llevar por las distracciones de este mundo tan ruidoso, sobreestimulado y lleno de tentaciones tecnológicas y de todo tipo (de "cantos de sirena", siguiendo con la analogía marina). Estamos todo el día expuestos a estímulos que nos disparan la dopamina y, si no estamos vigilantes, nos convertimos en yonquis hormonales. La dopamina es adictiva, de hecho está comprobado que altera los mismos lóbulos cerebrales que la cocaína. No hay que confundir placer con felicidad. Todos esos estímulos nos prometen placer inmediato, pero la felicidad es otra cosa. La felicidad es orden, control y estabilidad.

Si estamos todo el día expuestos a chutes de dopamina, ya puedes imaginarte lo que pasa con los niños y los adolescentes, que todavía no tienen del todo instalado el *software* del autocontrol. Los culpamos, pobres, cuando en realidad son víctimas de las grandes empresas tecnológicas, que diseñan sus aplicaciones y sus videojuegos justamente para engancharlos. Lo explican muy bien en un documental reciente titulado *El dilema de las redes sociales*. Los diseñadores de la experiencia de usuario cuentan con el asesoramiento de psicólogos y expertos en neuromarketing que les ayudan a diseñar productos que creen adicción. Y los pobres niños y adolescentes, todavía sin mucha capacidad de autorregulación, se enganchan como moscas. Los padres y las madres debemos estar también atentos a eso y ejercer de mentores, pero si no somos capaces de dirigir nuestra vida y nuestra energía, ¿cómo vamos a enseñarles a ellos a hacerlo? Lo único que realmente funciona en estos casos es predicar con el ejemplo.

La fórmula del éxito es mucho más simple de lo que se empeñan en hacernos creer los gurús de la autoayuda. Basta con tener las prioridades claras, poner foco permanente en esas prioridades, gestionar bien tu tiempo y tomar decisiones sencillas y coherentes. Cada vez que una decisión nos parece complicada es porque no tenemos claras nuestras prioridades.

Te invito a que preguntes a algunas personas de tu entorno cuáles son las tres prioridades que tienen en su vida. Sólo tres. Seguramente te llevarás una sorpresa: la mayoría no las tendrá claras o no estará poniendo el foco en ellas. Muchas personas contestan que la principal es la familia, pero se pasan la vida trabajando como locos o haciendo cualquier cosa para llegar tarde a casa. Otras dicen la salud, lo cual es muy sabio, porque sin salud no tienes energía para todo lo demás. El problema es que luego no la cuidan como deberían. Y mira que es sencillo. Como dice el psiquiatra Luis Rojas-Marcos, basta con cuidar tres aspectos:

- La salud física: media hora al día de ejercicio moderado, como caminar, subir escaleras, etc.
- La salud intelectual: dedicar media hora al día a leer libros, ver documentales, hacer sudokus o crucigramas, etc.
- La salud social: cuidar tus relaciones con los amigos y la familia y conocer gente nueva que te aporte cosas nuevas.

No es tan complicado, ¿no? Media hora al día para cada apartado, en total 90 minutos. Y no me digas que no tienes ese tiempo porque estoy seguro de que lo tienes. Es sólo cuestión de prioridades, de poner estructura y orden en tu vida.

"Debemos convertirnos en centinelas de nuestra atención, ser nuestros propios observadores para no dejarnos llevar por las distracciones de este mundo tan ruidoso."

Si preguntas a cien personas de tu entorno por sus prioridades, estoy seguro de que muchos pondrán el dinero entre las tres primeras. Tener mucho dinero es el sueño de muchas personas y lo más importante para ellas, lo prioritario. Más adelante, en el faro 10 (Libertad) te explicaré mi ruta del dinero, la fórmula que me ha llevado a obtener un bienestar económico viniendo de la nada, pero ahora me gustaría que te dieras cuenta de una cosa: el dinero nunca puede ser un fin en sí mismo, sino un medio. Nunca ganarás dinero si no tienes claro para qué lo quieres, es decir, el objetivo que hay más allá del dinero. En cambio, si tienes claro ese objetivo encontrarás la manera de ganar el dinero que necesitas para alcanzarlo.

Por tanto, la prioridad no debe ser el dinero, sino aquello que quieres obtener con el dinero. Porque para ganar dinero, aunque te parezca una paradoja, no tienes que pensar en el dinero. El dinero es el cómo, pero lo importante es el para qué, que debe ser lo suficientemente potente e importante para ti como para enfocar en él tu atención y tu energía.

Una cosa importante: los objetivos no se diseñan sólo con la mente racional. Hay que sentirlos antes en el corazón y en el alma. Sólo así puedes iniciar el camino hacia el logro. Cuando algo surge desde tu espíritu, desde tu alma, nada podrá detenerte. Te costará más o menos, pero acabarás llegando a tu destino.

Si actúas con sentido y foco, impactarás de forma natural en los demás. Y, como es fácil perder el foco con tantos estímulos que nos rodean, la clave está en el autocontrol, en el seguimiento periódico de nuestro comportamiento. Al final del libro te propondré un ejercicio de chequeo continuo (así se titula el capítulo) para que revises cada cierto tiempo cómo actúas y dónde pones tu energía. Y, sobre todo, para que recuperes el rumbo cuando te desorientes.

Se trata, como te comentaba, de adquirir un nuevo hábito: el de la higiene mental. Igual que cada noche te cepillas los dientes antes de ir a la cama, al menos una vez al mes tienes que chequear lo que has hecho y comprobar si sigues alineado/a con tus propósitos. Tienes que analizar dónde has puesto tu atención, tu tiempo y tu energía. Y cada vez que sientas que te cuesta decidir entre varias opciones, revisa tus prioridades para tenerlas claras. Las decisiones son sencillas cuando sabes lo que quieres y lo priorizas.

No hay recompensa sin esfuerzo. Tendrás la vida que deseas cuando seas capaz de identificar tus prioridades y comprometerte. Cuando te levantes con tu ilusión y te acuestes con ella. Cuando pongas todas tus neuronas, ordenadas como un ejército, a trabajar para tu propósito. Por supuesto, también tendrás que formarte (lo veremos en el faro 9, dedicado a la Aptitud), pero lo principal es que te lo creas y te enfoques.

"La prioridad no debe ser el dinero, sino aquello que quieres obtener con el dinero. Porque para ganar dinero, aunque te parezca una paradoja, no tienes que pensar en el dinero."

Para acabar, ¿cómo podemos llevar el hábito de la atención al día a día? ¿Cómo podemos evitar las distracciones? Es cuestión de práctica, como todos los hábitos. Los buenos hábitos se trabajan hasta que se dominan, hasta que se integran como parte de nuestro *modus operandi*.

Una buena forma de trabajar la atención es silenciar las notificaciones del móvil cuando estás concentrado en algo. Cada vez que atendemos un mensaje perdemos el foco y nos dispersamos, y tardamos entre 10 y 15 minutos en volver a concentrarnos. Nos perdemos en lo urgente y dejamos de atender lo importante. Esto es una auténtica epidemia, seguro que te has dado cuenta. Tenemos miedo a perdernos algo y por eso acudimos al móvil como locos cada vez que suena. Incluso le han puesto un nombre a esto: FOMO, siglas del inglés "*fear of missing out*".

Cuando somos capaces de concentrarnos nuestra capacidad creativa se multiplica. Entramos en modo *flow*, una idea descrita por el profesor de psicología Mihály Csíkszentmihályi. Avanzamos entonces hacia nuestros objetivos con una velocidad de crucero mucho mayor, pues no hay obstáculos en nuestra ruta.

Y no valen excusas como "es que tengo que estar siempre localizable" o "es que me necesitan". Salvo contadas excepciones (los servicios de emergencia, por ejemplo), todo puede esperar unas horas y todos somos prescindibles o sustituibles. Incluso los CEOs de las grandes compañías desconectan sus móviles en determinados momentos del día para poner verdadera atención en asuntos concretos o para tener la tranquilidad y perspectiva necesarias para abordar asuntos importantes sobre la marcha de las compañías que dirigen.

Todo parte de la autodisciplina. Tienes que tener momentos de relax, por supuesto, de dejarte llevar, pero si no eres estricto/a aislándote de vez en cuando del ruido, de los "sobreestímulos dopamínicos", no lograrás centrarte en tus objetivos y no los conseguirás. Hay muchos libros que te pueden ayudar con consejos más concretos a autodisciplinarte. Te recomiendo uno: *Hábitos atómicos*, de James Clear. Me gusta especialmente porque defiende la idea de que los grandes cambios se consiguen con pequeños actos cotidianos, con pequeñas decisiones. Estos cambios minúsculos, aunque te parezcan insignificantes, pueden llegar a cambiar tu carrera profesional, tus relaciones y, en definitiva, tu vida.

"Cuando somos capaces de concentrarnos nuestra capacidad creativa se multiplica."

Faro 7: TRABAJO
El esfuerzo dignifica y da sentido

"Reza como si todo dependiera de Dios, trabaja como si todo dependiera de ti".
Agustín de Hipona, más conocido como San Agustín, obispo, padre y santo de la Iglesia católica.

Uno de los grandes errores que a menudo cometemos las personas es tomarnos el trabajo como una condena. El día tiene 24 horas. Si descuentas ocho horas para dormir, te quedan 16. Si nos pasamos la mitad de esas 16 trabajando amargado/a, te fastidias la mitad de tu vida. ¿Cómo vas a ser feliz si tienes la sensación de estar encarcelado/a en el trabajo durante la mitad de tu vida?

Entiendo que algunos trabajos son poco agradables o monótonos, pero incluso en esos casos tienes dos opciones: vivirlo con amargura o cambiar de actitud. ¿Recuerdas la fábula de los dos albañiles que te expliqué en el faro 5, el del compromiso? Siempre es posible ver el trabajo de dos maneras: como algo que haces resignadamente porque no tienes más remedio o como algo que ayuda a otras personas a vivir mejor y que te dignifica y te construye como persona.

Siempre me he tomado el trabajo como parte de la vida, más aún, como una bendición, porque si tienes trabajo y lo haces de forma leal y comprometida obtendrás los medios para tener una buena vida. Vivimos en un mundo capitalista y, hasta que no se demuestre lo contrario, este es el menos malo de los sistemas económicos que conocemos hasta hoy.

Pero no se trata sólo de que el trabajo nos proporcione una retribución económica con la que vivir en este sistema capitalista, sino que es una forma de sentirnos útiles para la sociedad. ¿Recuerdas la respuesta del segundo albañil? Él no se limita a poner un ladrillo encima de otro, sino que construye casas para que las familias vivan y sean felices dentro de ellas. Ese sentimiento de utilidad, de aportar algo a la comunidad, es justamente lo que le motiva, le lleva a hacer las cosas mejor y hace que se sienta útil e incluso realizado. Y es que es muy difícil que una persona sienta que su vida tiene sentido o propósito si no desempeña un trabajo en y para la comunidad en la que vive.

El trabajo, por tanto, es determinante en la vida de una persona y en su crecimiento como ser humano. Te permite aportar y sumar en la misión humana colectiva. Porque vivimos en comunidad, somos seres sociales y , y todos en conjunto construimos la sociedad, no sólo la de hoy, sino la del mañana donde habitarán nuestros hijos y nuestros nietos.

Ciertos mensajes de la sociedad de consumo nos empujan a pensar sólo en nosotros y a ser individualistas, incluso egoístas: "lo primero eres tú", "te lo mereces", "eres único". Sólo les falta decir "y a los demás que les parta un rayo". Pero una persona por sí sola no tiene ningún valor. ¿De qué te serviría tener mil millones de euros si estuvieras solo/a en el mundo? ¡Te morirías de pena!

"Siempre es posible ver el trabajo de dos maneras: como algo que haces resignadamente porque no tienes más remedio o como algo que ayuda a otras personas a vivir mejor y que te dignifica y te construye como persona."

El trabajo, además, es una fantástica manera de aprender. Y no me refiero sólo a aprender un oficio, sino cuestiones importantes para la vida como las relaciones, el autocontrol, el diálogo, la planificación, la actitud, etc. Yo, como ya te he contado, no estudié más allá del bachillerato, pero tuve la suerte de empezar a trabajar muy pronto y, por tanto, a aprender en eso que llaman "la universidad de la vida". Fue cuando tenía 14 años. Un día llegué a mi casa y pedí que me compraran unos Levi's 501, que en los ochenta eran el pantalón estrella. Mi padre me cogió por banda y me dijo muy clarito: "Mira, me encanta tu rollo, pero yo soy albañil. Eso que pides es un lujo, un capricho, así que si lo quieres trabaja y te lo compras".

Aquel verano me fui a trabajar de camarero a los montes de Málaga. El dinero que ganaba se lo entregaba a mis padres, porque en mi familia había una bolsa común para todos, pero como era simpático ganaba propinas que me quedaba yo. Cuando junté un mes de bote me fui a la tienda y me compré los ansiados Levi's. Luego me di cuenta de que con los Levi's ligaba la mismo que sin ellos, o sea, nada. Pensaba que cuando me los pusiera las chicas se me iban a tirar encima, pero no. Me di cuenta de que los Levi's podían ser molones, pero no hacían milagros.

Además de ese importante aprendizaje adolescente, descubrí otra cosa que sí me empoderó y me dio autoconfianza: que si quería algo y trabajaba, me esforzaba y ahorraba, lo podía tener. Aquello me marcó mucho. Desde entonces, cuando he querido algo he trabajado hasta conseguirlo. Y he descubierto que puedes conseguir casi cualquier cosa si te esfuerzas lo suficiente (siempre y cuando, claro está, no tengas algún tipo de impedimento grave de salud).

También he aprendido que si te esfuerzas en tu parcela, en aquello que depende de ti y de tu trabajo, no tienes que preocuparte por lo que hagan los demás. El sol sale para todo el mundo. Ocúpate de lo que depende de ti y no trates de perjudicar a nadie. Porque en realidad no existe la competencia. Tu única competencia es tu incompetencia. O dicho de otra forma: si te esfuerzas y tratas de mejorar un poco cada día, siempre vas a tener un lugar.

De hecho, la mayor parte de los grandes deportistas no ganan por sus talentos naturales, sino por su trabajo. Se me quedó grabado lo que respondió una vez Miguel Induráin, ganador de cinco Tours de Francia consecutivos, en una entrevista. Le preguntaron por el secreto de su éxito y él, con su proverbial modestia y sencillez, contestó: "Pedalear siempre un poquito más que los demás".

"Tu única competencia es tu incompetencia."

No he conseguido, por supuesto, los éxitos de Induráin, pero me considero una persona exitosa y muy, muy afortunada. Y si alguien me preguntara donde radica mi éxito le diría lo siguiente: me levanto cada mañana muy temprano y me acuesto muy tarde, y en medio doy en cien por cien de mi energía. El trabajo no es para mí obligación, sino devoción. Es la palanca que me saca cada mañana de la cama y el acicate que me mueve. Pero no porque tenga una gran ambición de ganar dinero ni tener posesiones, sino porque lo entiendo como una forma de servicio. Sirviendo a los demás me sirvo a mí mismo. Es una forma de ser y de actuar, una bonita forma de vida.

Si te esfuerzas, aprendes, mejoras y buscas la excelencia para dar el mejor servicio a tus clientes difícilmente te quedarás rezagado/a o tendrás dificultades económicas. Todos en esta vida tenemos un sitio que ocupar, el problema viene cuando queremos ocupar el de otros. O sea, cuando nos limitamos a copiar o imitar a otros.

Todos tenemos nuestro propio estilo, eso que llaman ahora la marca personal, pero muchas veces nos perdemos por querer copiar a alguien. Es importante rodearte de personas brillantes y aprender de ellas, como veremos en el faro 9 (APTITUD), pero luego tú tienes que hacer lo tuyo a tu manera, crear tu propia versión original. Incluso a veces hay que rebelarse contra el entorno cuando este nos quiere unificar, cuando quiere eliminar nuestra singularidad. Yo lo hice de pequeño: nací zurdo y mi entorno, por prejuicios de la época, se empeñó en que tenía que ser diestro. Así fue como empecé a ir contracorriente y a crear mi propia personalidad. Fue mi primer acto de rebeldía, de reivindicación de mi singularidad.

Desde entonces siempre he tratado de hacer las cosas a mi manera, aprendiendo de todo el mundo, pero aplicando esos aprendizajes a mi forma de ser. Siempre desde la humildad, desde la cultura del esfuerzo y de la mejora constante. De la innovación. Y siempre, siempre, sin pisar a nadie y sin apagar la luz de nadie. Nunca he tenido enemigos, ni en los negocios ni en la vida. Siempre he procurado colaborar con otros empresarios. Cuando estaba en la restauración, mandaba a clientes míos a otros restaurantes cuando estaba lleno o cuando veía que buscaban algo que otros le podían ofrecer mejor. Ya entonces sabía perfectamente que un cliente contento es un cliente para siempre, mientras que un cliente descontento es una mala publicidad para siempre.

"Me levanto cada mañana muy temprano y me acuesto muy tarde, y en medio doy en cien por cien de mi energía."

Si entre los 20 y los 30 años tuve éxito en la restauración fue gracias a este valor esencial: el trabajo. Durante mucho tiempo me iba a dormir a las dos de la madrugada, después de servir cenas, recoger y volver a casa, y me levantaba a las siete para ir a comprar el pescado más fresco. Porque si llegaba temprano me podía llevar las mejores gambas, los mejores boquerones, las mejores sardinas, etc. Así, cuando servía un plato a un cliente tenía la absoluta certeza de que iba a estar impecable y delicioso. Porque sabía lo que compraba y lo que servía.

Mis cocineros en aquella época tenían una instrucción clara: no sirvas nada que no te comerías tú. Y en todos aquellos años sólo me devolvieron un plato, lo recuerdo perfectamente: unos espagueti boloñesa que no estaban al dente, según el cliente. Modestamente, creo que algo así ya es un éxito, independientemente de si uno gana más o menos dinero con su negocio.

He mantenido esta filosofía de atención total al cliente durante toda mi vida. No sólo por generosidad, sino por puro sentido común. Porque todos somos en algún momento vendedores y compradores, y cuando compramos valoramos todos lo mismo: un buen producto, a un buen precio y con una buena atención. Es tan sencillo como esto. Si además consigues que tu producto sea excelente, tu precio sea excelente y tu atención sea excelente, ¡eres imbatible!

En realidad no tiene secreto: se llama empatía y sensatez. Se llama ser inteligente y ponerte en el lugar de los demás. Los empresarios y profesionales que mejor sobreviven en tiempos revueltos como los que vivimos (mientras escribo esto, principios de 2021, todavía estamos en plena pandemia de la Covid-19) son aquellos capaces de ejercer la empatía para adaptarse a los cambios en la sociedad. En los gustos y las necesidades de los consumidores. Los planes estratégicos están muy bien, pero tenemos que ser flexibles, maleables, adaptables. Y no sólo eso: también abiertos, educados, humildes.

Cada vez el mundo evoluciona más rápido y nos exige estar muy atentos y ser grandes seres adaptativos. Aprender y mejorar debería ser algo integrado en nuestra empresa, en nuestra vida, en nuestros presupuestos y en nuestra dinámica de vida personal, familiar y laboral. En mi vida profesional he intentado apartar siempre un 10% de mis ingresos anuales para cursos, talleres, congresos, libros y todo tipo de fuentes de conocimiento y crecimiento personal.

Estoy convencido de que no hay cambio empresarial o profesional sin cambio personal.

Esto es más necesario todavía para aquellas personas que tienen alguna función de liderazgo. Para mí liderar es inspirar a tu equipo para que sean mejores cada día. Es una de las cosas más difíciles que hay, pues es necesario tener muchas cualidades: grandes valores, mucha empatía, generosidad... Y altos niveles de autoconocimiento, porque, ¿cómo vas a liderar a otros si no eres capaz de liderarte a ti mismo/a?

Liderar es ser locomotora, unir los vagones y tirar de ellos. Y si alguno decide desengancharse para unirse a otra locomotora o para convertirse en locomotora de otros, alegrarse por él o ella. Se habla mucho de retener talento y es comprensible que un líder quiera tener a los mejores en su equipo, pero cuando alguien que has liderado o mentorizado crece y quiere volar tienes que dejar que lo haga. Y no sólo eso: tienes que alegrarte, porque es una satisfacción ayudar a otras personas a crecer y ser ellas mismas. Además, ningún ser humano es dueño de otro y todos estamos aquí para avanzar, mejorar y tener una buena vida.

Liderar es también saber rodearte de personas alineadas en retos y en la manera de buscar soluciones, que se cuestionen la cosas, que sean proactivas, que te transmitan ganas de vivir, que te den un empujón en tus momentos débiles y que alguna vez tengan iniciativa para hacerte el relevo. Es agotador tirar siempre del carro, por eso es importante rodearte de gente que también tenga vocación de tirar, no de engancharse a ti y frenarte.

"Cada vez el mundo evoluciona más rápido y nos exige estar muy atentos y ser grandes seres adaptativos."

Una de las mejores inversiones que podemos hacer las personas es invertir en nosotros mismos. A veces tienes que parar para mejorar. Las personas tienen la sensación de que cuando paran están perdiendo dinero, pero si aprovechas bien esa parada es justo lo contrario: acabas ganando más.

La naturaleza funciona justo así: florece, se detiene y luego vuelve a florecer con más fuerza. Le pasa eso a los árboles frutales, por ejemplo, que en otoño pierden las hojas, en invierno se adormecen y en primavera vuelven a florecer, cada año con mayor esplendor. O a las serpientes, que mudan la piel y resurgen fortalecidas y refulgentes de su metamorfosis.

No todo es trabajar, trabajar y trabajar. Incluso un coche de Fórmula 1 o una moto de MotoGP tienen que parar en boxes cada cierto tiempo para revisar su funcionamiento, mejorar algún aspecto técnico y salir de nuevo a pista con recursos renovados. Si no hacen paradas en boxes de vez en cuando revientan el motor o las ruedas.

Los seres humanos formamos parte de la naturaleza, aunque a veces se nos olvide. Formamos parte de esa dinámica de evolución permanente, de cambio, de transformación. En el capítulo sobre la humildad te decía que soy un "cagador profesional", pero en realidad soy un "cagador evolucionado". Es decir, soy un auténtico experto en cometer errores, en "cagarla". Lo que pasa es que he aprendido y he evolucionado. No hay ninguna manera de aprender si no es a base de prueba-error, de ensayo y corrección. No conozco ninguna otra manera. Y, sin embargo, nadie habla de sus errores, de sus equivocaciones, de sus fallos... de sus "cagadas". No se habla de la cantidad de veces que tienes que montar en patines para aprender, de la cantidad de veces que tienes que montar en bici para aprender, de la cantidad de kilómetros que tienes que recorrer para conducir bien, de la cantidad de dinero que tienes que invertir en marketing hasta encontrar tu nicho de mercado, etc.

David Bowie, el famoso músico y compositor británico, decía que no se aprende absolutamente nada del éxito. Por eso creo que todos debemos atrevernos a hablar más de nuestros fracasos. Estoy un poco cansado de esos libros que sólo buscan la motivación. Te dicen: "¡Sí, tú puedes! ¡Sal de casa y cómete el mundo!". Pero el mundo no es algo que te puedas comer. El mundo es un lugar para experimentar y aprender. Tienes que atreverte a hacer para crecer y aprender. El único éxito es ese: seguir haciendo y aprendiendo a pesar de los errores, seguir ensayando y corrigiendo. No conozco otro sistema: atreverte a hacer y por el camino ir aprendiendo y corrigiendo. Lo dijo John Wooden: un error es útil si haces cuatro cosas con él: reconocerlo, admitirlo, aprender de él... y olvidarlo.

"No todo es trabajar, trabajar y trabajar. Incluso un coche de Fórmula 1 o una moto de MotoGP tienen que parar en boxes cada cierto tiempo."

El trabajo, por tanto, es también un camino de autorrealización. El primero tal vez no te gustará, pero si sigues buscando, aprendiendo y corrigiendo errores, darás con un trabajo que te permitirá desarrollar tus talentos y entregárselos al mundo. Si ves el trabajo sólo como una fuente de ingresos, te empobreces y empobreces tu vida. Si lo ves como una forma de contribuir a la comunidad de la que formas parte y de expresar tu singularidad en el mundo, te enriqueces y aportas al mundo.

Para eso tienes que parar de vez en cuando, reflexionar, ser un poco rebelde (o un mucho) y cuestionártelo todo. El pensamiento crítico es clave. Cuentan que había una empresa de embutidos de Cataluña que era líder mundial. Era una empresa familiar a cuyo frente acababa de llegar la cuarta generación. El bisnieto del fundador, ahora al frente de la compañía, revisó un día con una mirada nueva y crítica el proceso de producción y vio que a todos los salchichones les cortaban los dos extremos antes de meternos en una caja y distribuirlos. Le preguntó a su padre por qué lo hacían así y el padre contestó: "Nen, qué tontería de pregunta. Siempre se ha hecho así". Y el chaval: "Ya, pero es que haciendo eso hay una merma de producto y estamos perdiendo dinero". Se fueron entonces ambos a preguntarle al abuelo, hijo del fundador, que les explicó: "Eso se empezó a hacer porque el bisabuelo compró unas cajas para transportar los salchichones y si no cortábamos los picos no cabían". Los salchichones hacía tiempo que ya no se comercializaban en aquellas cajas, por lo que se dieron cuenta de pronto de que por una vieja costumbre habían estado años perdiendo dinero. En concreto, cuando dejaron de cortar los extremos de cada salchichón se dieron cuenta de que por cada diez ganaban uno, o sea, un 10%. Y eso fue gracias a que la nueva generación puso en cuestión lo que habían hecho las anteriores.

En nuestra vida hacemos muchas veces lo mismo: repetimos patrones sin sentido, reproduciendo las manías o costumbres de nuestros ancestros. Y lo mismo pasa con los patrones culturales, religiosos, sociales, etc. Acabamos siendo borregos que no nos cuestionamos nada, que no pensamos por nosotros mismos y que vemos el trabajo, como decíamos al inicio, como una condena. Un simple cambio de chip puede hacer que lo veamos de otra manera. Que lo veamos como un camino de autorrealización. Porque el trabajo es vida, pero no cualquier trabajo. Busca tu trabajo ideal y si no existe créatelo. Atrévete, actúa, equivócate, aprende... y crece.

"El trabajo, por tanto, es también un camino de autorrealización."

Faro 8: RESILIENCIA
Fracasa pronto y corrige rápido

"Ya lo he probado. Y he fallado. Poco importa.
Vuelve a probar. Vuelve a fallar. Falla mejor."
Samuel Beckett, dramaturgo, novelista y poeta.

Todos, de alguna forma y en alguna medida, tenemos que ir adaptándonos a lo que la vida nos trae en cada momento. No evolucionamos en línea recta hacia el cielo, como los chopos, sino retorciéndonos como los olivos, cada uno y cada una a su manera. Lo cual está bien, pues, como reza un proverbio chino, el árbol retorcido vive su vida, mientras que el árbol derecho termina convertido en tablas.

Yo, como tú, como casi todos, he ido girando en función de lo que la vida me ha ido dando. Siendo adolescente mis padres me pidieron que trabajara en el bar de la familia para poder sacarlo adelante y dejé los estudios. Después fui a la "mili" y a la vuelta trabajé, ahorré e invertí en mi propio negocio de restauración. Conocí a mi mujer y decidimos formar una familia. Como queríamos tener hijos y el negocio de la restauración no era muy compatible con esa opción decidí reinventarme y empecé a trabajar en el sector inmobiliario. En definitiva, he ido adaptándome sobre la marcha a lo que la vida me ha ofrecido en cada momento.

Hay personas que insisten en querer controlarlo todo en su vida. ¡Craso error! Porque la vida nunca les va a dar el control. Como mucho tendrán en algunos momentos una falsa sensación de control, pero tarde o temprano tendrán que abrir los ojos y enfrentarse con humildad a una realidad incuestionable: que en el complejo engranaje del universo somos una pieza casi insignificante. Somos únicos, sí, pero también vulnerables. Pretender que podemos controlar totalmente nuestra vida es el acto de osadía más grande del mundo. No hay más que ver la que está liando, en el momento de escribir esto, el famoso coronavirus. En sólo unos meses ha puesto al mundo entero patas arriba.

Podemos hacer muchas cosas, por supuesto. Podemos esforzarnos, podemos incluso sacrificarnos para que la vida responda a nuestros deseos. Pero al final no tenemos garantía de nada. Hay un momento en que el resultado escapa a nuestro control y sólo nos queda dejar que las cosas sucedan.

Podemos y debemos entregarnos a la vida, pero al mismo tiempo podemos y debemos desvincularnos del resultado. Porque la vida es la única maestra. La vida te da y la vida te quita sin ninguna explicación. Alguien que se esfuerza por ayudar a los demás muere joven víctima de un cáncer fulminante y en cambio un capo de la mafia o un nazi viven hasta los 90 y expiran tranquilamente por la noche sin dolor. He ahí el gran misterio. ¿Es justo? No lo sabemos, pero la justicia y la injusticia son conceptos humanos. La vida juega en otra liga y con otras reglas. Las suyas.

"Podemos y debemos entregarnos a la vida, pero al mismo tiempo podemos y debemos desvincularnos del resultado."

La vida ya es lo bastante complicada como para que encima nos la compliquemos más. Vamos por el mundo hiperventilando y metiéndonos una caña que no querríamos ni para nuestro peor enemigo, con un nivel de autoexigencia que parecemos todos deportistas de élite. ¿Y si nos tratáramos con un poco más de amabilidad e hiciéramos lo propio con las personas de nuestro entorno?

El universo ya se encargará de traernos de vez en cuando imprevistos desagradables, no hace falta que encima nosotros nos machaquemos. Seamos amables con nosotros mismos y con los que nos rodean, en casa y en el trabajo, en el autobús y en el supermercado.

No hay nada que de mejor resultado. Si encima eres capaz sonreír, miel sobre hojuelas.

La vida es un eco de lo que tú le ofreces. Si le das amor, te viene amor; si le das caos, te viene caos. Pruébalo si no te lo crees. Intenta ser amable durante un día entero, desde que te levantes hasta que te vayas a dormir, y verás el cambio. Derrocha amabilidad contigo y con el mundo entero y al final del día pregúntate qué te ha devuelto el mundo. Te darás cuenta de que ir siempre con el ceño fruncido no te trae más que preocupaciones, mientras que ir con la sonrisa pegada a la boca te trae muchas más sonrisas.

Es simple: es la ley de causa y efecto. O la ley del karma. Seguramente has oído hablar del karma últimamente, pero quizás no sepas que se trata de una palabra de origen sánscrito (una lengua clásica de la India) que significa "acción". El buen karma son las buenas acciones que haces intencionadamente durante tu vida. Si actúas con amabilidad, amor, respeto, compasión, solidaridad, etc., acumulas buen karma, lo que hace que en la siguiente reencarnación te acerques un poco más a la iluminación (esa es la creencia hinduista). Más allá de las creencias de cada cual, el karma es algo así como el debe y el haber en la cuenta de explotación de nuestra existencia. A más karma, mayor paz y serenidad y mayor plenitud espiritual.

Nos quejamos a menudo de que vivimos en un mundo hostil, pero los primeros por ahí con cara de pocos amigos somos nosotros. Prueba a cambiar de actitud. Haz las paces contigo mismo y con el mundo y verás cómo recibes paz. Luego la vida se encargará de traerte problemas, dificultades, golpes. Pero al menos tendrás la actitud adecuada para afrontarlos y superarlos. Una actitud estoica, que es la que predicaba el estoicismo, una doctrina filosófica fundada por el griego Zenón de Citio, y que básicamente consiste en aceptar con entereza el dolor y la desgracia.

"La vida es un eco de lo que tú le ofreces. Si le das amor, te viene amor; si le das caos, te viene caos."

Con una actitud equilibrada y amorosa se pueden soportar mejor los inevitables embates de la vida: las pérdidas, las ruinas, las muertes, las catástrofes de todo tipo. Todos tenemos esa capacidad, en mayor o menos medida. Se llama resiliencia, otra palabra que seguramente habrás oído bastante en los últimos tiempos, pues se ha incorporado ya al lenguaje común.

La resiliencia, según recoge desde hace poco el diccionario de la Real Academia Española de la lengua, es la "capacidad de adaptación de un ser vivo frente a un agente perturbador o un estado o situación adversos". La pandemia de la Covid-19 es la última de esas situaciones adversas que hemos tenido que afrontar, pero ha habido muchas otras a lo largo de la historia: glaciaciones, tsunamis, guerras, terremotos, crisis económicas, etc. La capacidad de resiliencia de la especie humana queda demostrada por el hecho de que, a pesar de todas esas desdichas, seguimos aquí.

En realidad, según la filosofía oriental, nuestra alma está preparada para todo lo que nos va a ocurrir en la vida. Si nos limitamos a seguir adelante, ni siquiera sufrimos. Más aún, esos contratiempos o adversidades nos fortalecen. El problema es que nos empeñamos en interpretar lo que nos pasa. Esa "herramienta" que a veces nos salva también es nuestro peor enemigo: la mente. Nos resistimos a la vida y queremos ser más grandes que ella. Creemos que nuestra mente nos hace omnipotentes, pero sólo nos hace prepotentes. Tenemos que embridarla y confiar. Si en lugar de querer controlarlo todo nos entregamos a la vida, como también proponen místicos como San Juan de la Cruz o San Agustín, todo es crecimiento.

La resiliencia no es sólo la capacidad de sobrevivir a las dificultades o las desgracias, es también la capacidad de crecer a nivel espiritual gracias a esas dificultades o desgracias. Si sobrevives pero al final tienes odio o rabia o frustración en tu corazón, no creces. Si sobrevives y sientes amor y agradecimiento y solidaridad, creces a nivel espiritual y eres cada vez más resiliente. El clásico ejemplo de esto es el de Nelson Mandela, que cuando fue liberado tras pasar 27 años en la cárcel perdonó a sus carceleros y buscó la reconciliación entre sudafricanos, con independencia del color de su piel. Perdonó porque amaba su país y quería salvarlo, y con rencor no habría podido hacerlo.

Resiliencia es ser capaz de convertir el dolor en amor. Este es uno de nuestros grandes retos como seres humanos. Y los que logran hacerlo son para mí verdaderos maestros espirituales. Lo expresó la psiquiatra Elisabeth Kübler-Ross con estas maravillosas palabras: "Las personas más bellas con las que me he encontrado son aquellas que han conocido la derrota, conocido el sufrimiento, conocido la lucha, conocido la pérdida, y han encontrado su forma de salir de las profundidades. Estas personas tienen una apreciación, una sensibilidad y una comprensión de la vida que los llena de compasión, humildad y una profunda inquietud amorosa. La gente bella no surge de la nada".

"La resiliencia no es sólo la capacidad de sobrevivir a las dificultades o las desgracias, es también la capacidad de crecer a nivel espiritual gracias a esas dificultades o desgracias."

La resiliencia es también saber sobreponerte a otro tipo de dificultades, las ocasionadas por personas cercanas: envidias, traiciones, engaños, infidelidades, etc. Es aceptar y entender que el resentimiento y el rencor no ayudan a crecer, mientras que la compasión y el perdón sí. Muchas personas se quedan ancladas durante años en un sentimiento negativo de odio o rencor hacia alguien que les ha hecho daño. Ese odio es al principio una especie de gasolina que les ayuda a avanzar, pero luego se convierte en un lastre.

Cuando practicas la compasión y el perdón te das cuenta de que nadie tiene el poder de hacerte daño. Porque lo importante no está en lo que los otros hacen, sino en cómo tú reaccionas. Tampoco nadie tiene el poder de hacerte feliz, lo cual es en realidad un descanso: tu felicidad no depende de un tercero que haga o deje de hacer algo, sino de ti mismo/a.

Ahora bien, para lograr esto hace falta mucha conciencia y mucho entrenamiento. Hace falta pasar por desengaños y aprender a superarlos. Hace falta cometer muchos errores y corregirlos. O sea, hace falta poner en práctica nuestra capacidad de resiliencia.

Dado que todos tenemos que pasar por eso, lo ideal es fallar cuanto antes y corregir rápido. Cuando hablo de fallar no me refiero a fracasar, en el sentido que se entiende habitualmente en nuestra sociedad. Un fracaso es un proyecto malogrado, frustrado; en cambio un error es un paso más en el proceso de aprendizaje. El fracaso es una acción acabada; el error es una acción continuada.

Yo soy, y lo digo con mucho orgullo, un experto en cometer errores, porque sin ellos no tendría la oportunidad de mejorar y comenzar de nuevo con más inteligencia. Como dejó dicho Henry Ford, "el error es una fantástica manera de comenzar de nuevo de una forma más inteligente". Con más audacia o con más preparación o con una actitud apropiada.

Es literalmente imposible acertar en todo a la primera. Hay que fallar hasta aprender, hasta adquirir la habilidad, la técnica o la pericia para dominar una actividad o una tarea nueva. Atreverse a hacer para aprender es el comienzo de casi todo. Hay que comenzar e ir aprendiendo por el camino. Si te fijas, todo lo que logras en tu vida pasa por atreverte: atreverte a andar, a montar en bici, a patinar, a conducir, a amar, a montar un negocio, a tener hijos, a escribir un libro...

Seguramente no acertarás a la primera. Como dicen en mi tierra, nadie nace enseñado. Pero si estudias, te formas, te retas y sueñas, en algún momento acertarás. Tendrás que pasar por decepciones y frustraciones, pero si las utilizas como palancas para mejorar te impulsarán a un nuevo estado, más satisfactorio, más pleno.

Si no te atreves, si no sales de la famosa zona de confort, tal vez no te equivoques, tal vez no sufras tanto, pero no crecerás. Así de sencillo. Y en la naturaleza, lo que no crece muere.

"Cuando practicas la compasión y el perdón te das cuenta de que nadie tiene el poder de hacerte daño. Porque lo importante no está en lo que los otros hacen, sino en cómo tú reaccionas."

Uno de los secretos de la resiliencia es aceptar lo que ocurre mientras no podamos cambiarlo. O sea, cooperar con lo inevitable. Esta es una frase que me encanta, así que te la voy a repetir: COOPERAR CON LO INEVITABLE. Se trata de aceptar la realidad, porque la realidad siempre se impone y no sirve de nada discutir con ella. Lo que puedas cambiar, cámbialo; y lo que no, acéptalo. Si no aceptas ni cambias, sufres. O te das un buen leñazo, como me pasó a mi.

Aceptar no significa resignarse, ni mucho menos. Simplemente consiste en no malgastar las energías golpeándote con un muro, porque es mucho mejor dedicarlas a buscar caminos alternativos que te permitan rodear el muro. Consiste en dedicar tus fuerzas y tus talentos a buscar tu propio camino, que debe ser diferente al de cualquier otra persona porque tú eres diferente. Todos lo somos, cada uno y cada una a su manera. El problema es que no nos atrevemos a mostrar esa singularidad, a arriesgarnos, a pensar *out of the box*.

Supera la vergüenza de ser tú mismo/a. Atrévete a ser y a hacer para crecer. Pon pasión y corazón en lo que haces. Nunca te equivocarás si vas con la verdad por delante, si acaricias el alma de la gente. Nunca te equivocarás si le dejas un poquito de tu alma a alguien.

Y si al principio no te sale, sigue intentándolo. En eso consiste, precisamente, la resiliencia: en levantarte cuando caigas, sacudirte el polvo y seguir avanzando. Todos somos genios, pero somos genios escondidos y miedosos. Al final de la vida no te arrepentirás de lo que has hecho, sino de lo que no te atreviste a hacer.

Casi todo lo que conseguimos en la vida viene precedido por multitud de errores, de fallos, de preguntas, de cuestionamientos, de reflexiones y de caminos a veces oscuros. Pero el desafío es una sustancia que nos hace fuertes, que fortalece el músculo de la resiliencia. Ser amable y amoroso no es incompatible con ser luchador y valeroso.

No hay éxito sin esfuerzo, sin errores, sin perseverancia y determinación. Las grandes mentes se forjan en las duras batallas, igual que los grandes marineros se forjan en las tormentas y los grandes deportistas en las derrotas.

Y si tienes hijos/as, déjalos que experimenten y se equivoquen cuanto antes, porque antes podrán aprender, corregir y mejorar.

Ellos ya llevan de serie ese espíritu curioso y proactivo, lo único que tenemos que hacer es no interferir demasiado, tan sólo lo justo para que no caigan en pozos de los que luego será demasiado difícil salir.

En definitiva, tenemos que retarnos y buscar en todas nuestras vivencias el cambio positivo que nos permita avanzar hacia el destino deseado. Esto se llama espíritu de superación, espíritu triunfante o espíritu de victoria. Todas las personas que consiguen cosas suelen enfocarse en la solución y no el problema. En la mejora, no en la queja.

La actitud, al final, es la del niño que empieza a andar: se cae, a veces se hace daño y llora, pero se vuelve a levantar y lo sigue intentando. Ningún niño deja de andar por miedo. Cuando comprueban que han podido dar dos pasos, su mente guarda ese recuerdo como un logro. Y así, paso a paso, a partir de su propia experiencia, van creando músculo mental. Van ejercitando y reforzando su resiliencia.

"Y si al principio no te sale, sigue intentándolo. En eso consiste, precisamente, la resiliencia: en levantarte después de caer, sacudirte el polvo y seguir avanzando."

Faro 9: APTITUD
Aprende y mejora siempre

"Existe al menos un rincón del universo
que con toda seguridad puedes mejorar: tú mismo".
Aldous Huxley, novelista, ensayista y poeta.

Si has llegado hasta aquí ya sabes que soy una persona apasionada. Tengo tres grandes pasiones, todas ellas muy básicas, porque en realidad soy una persona sencilla (como también has podido ver).

La primera de mis pasiones es la vida. Desde que tengo uso de razón tengo claro que la vida es el regalo más preciado y más milagroso que existe. La vida es irrepetible y hay que aprovecharla al máximo. Dentro de tus capacidades tienes que hacer lo máximo que puedas con ella. Así que amo la vida.

La segunda pasión son las personas. Lo poquito que soy es gracias a la calidad de personas que he ido encontrando por el camino. Si tengo alguna habilidad es la de mirarlas al corazón sin prejuicios y tomar lo que cada una tiene para dar. Soy algo así como un ladrón de perlas, pues creo que todas las personas tienen algo bueno, algo que puedo aprender, aunque a veces esté un poco escondido. A todas les saco jugo, en un sentido positivo: a mis padres, a mis profesores, a mis amigos, a los expertos que conozco en conferencias, etc. Esta pasión me lleva a conocer constantemente nuevas personas y en todas ellas encuentro alguna grandeza interior. Es verdad que no siempre en la vida he estado tan receptivo como ahora, pero en general siempre me he acercado a los demás, me he interesado por sus sentimientos y he tratado de aprender de sus talentos. Y lo he hecho de una forma abierta y generosa, pues igual que he tomado me he entregado. Creo que lo mejor que podemos hacer con todas las personas que se cruzan en nuestra vida es acariciar su alma y dejarles un buen recuerdo. Lo decía muy bien la Madre Teresa de Calcuta: "Que todo el que se acerque a ti se sienta un poco mejor al irse". Por eso, cuando me encuentro con un amigo no le cuento mis problemas, sino que procuro alegrarle un poco el día.

Y mi tercera gran pasión es el aprendizaje. Siempre he tenido claro que para hacer algo provechoso en la vida, sea lo que sea, necesitas conocimientos y preparación. Un médico, un escritor, un fontanero, un carpintero... Todos necesitan formarse, necesitan desarrollar su aptitud, palabra que significa "ser apto". La suma de actitud y aptitud es una garantía de éxito en la vida.

De hecho, las oportunidades aparecen cuando esas dos virtudes hacen *match*. Y se convierten en resultados cuando les sumas una tercera A: la de acción. O la h de hacer. Porque hay que atreverse a hacer para crecer. Mientras no te atrevas no te desafías, no fallas y no aprendes. Me encantaría que hubiera otro sistema, pero no lo hay. O al menos yo no lo conozco. ¿Cómo se aprende a montar en bici? Montando. ¿Cómo se aprende a cantar? Cantando. ¿Cómo se aprende a amar? Amando.

Al final, la fórmula del éxito es tan sencilla como esto:

Actitud + Aptitud + Acción

Si falla una de las tres, falla el resultado final. Por ejemplo, si tienes una actitud muy positiva y estás muy preparado/a pero no ejecutas tus ideas porque les das demasiadas vueltas, no llegas a ningún sitio. Es lo que se conoce como parálisis por análisis. En cambio, si tienes una actitud positiva, te esfuerzas para aprender las habilidades necesarias y asumes el riesgo de actuar, de poner en marcha tus proyectos aunque te equivoques, ¿sabes en qué te conviertes? ¡En una persona imparable!

Y para muestra yo mismo: empecé como camarero y sin ser ningún genio ni tener detrás el respaldo de una familia rica he conseguido montar tres restaurantes, tres empresas inmobiliarias y cinco proyectos solidarios de los que te hablaré más adelante. Soy la prueba viviente de que esa fórmula funciona. ¿Quieres aplicarla a tu vida? ¿Quieres alcanzar tus sueños?

"La suma de actitud y aptitud es una garantía de éxito en la vida. De hecho, las oportunidades aparecen cuando esas dos virtudes hacen match. Y se convierten en resultados cuando les sumas una tercera A: la de acción."

Cuando trabajaba en el bar de mi padre tenía sólo un día libre a la semana. Una de las cosas que solía hacer era visitar a mis compañeros de otros restaurantes cercanos. Aunque te cueste creerlo, no lo hacía para estudiar a la competencia, sino por cariño, porque me llevaba bien con ellos. Pero inevitablemente me fijaba en cómo presentaban los platos, cómo eran el servicio y el precio, etc. Aprendía, pero era desde el afecto, no desde la rivalidad.

Ser competente en tu trabajo no es sólo una cuestión de aprendizaje, sino también de valores. Si ves a la competencia como un enemigo y piensas que estás en una guerra donde todo vale, puede que consigas algún éxito, pero a un precio muy alto: el de vivir siempre estresado y no disfrutar de lo que haces.

Tampoco ayuda la prepotencia. Por muy "apto" que seas, creerte mejor que los demás te impedirá aprender. Y, al contrario, acercarte a los demás con humildad y con respeto te abrirá todas las puertas y te ayudará no sólo a aprender, sino a crecer como persona. Rafa

Nadal es un ejemplo de eso. No sólo es un tenista fuera de serie, sino un tío humilde que nunca alardea de sus triunfos y que siempre está dispuesto a echar una mano, como cuando hace un tiempo Mallorca sufrió unas terribles inundaciones y él, como uno más, se puso a quitar barro de las calles. Esta humildad, inculcada desde que era un chaval por su tío Toni, es una de las claves de que haya llegado a lo más alto y, sobre todo, de que se haya mantenido tantos años entre los mejores en su disciplina.

Admirar el talento ajeno y expresarlo públicamente no te quita ningún mérito, al contrario, te convierte en alguien cercano y, por tanto, capaz de atraer más talento. Y para aprender hay que rodearse de talento. Todos aprendemos de todos. Nadie, ni siquiera los genios, tienen ideas desde cero. Todo se crea sobre algo que ya creó alguien antes. Así que no dediques el tiempo a mostrar lo mucho que sabes, sino a aprender lo mucho que saben otros.

Dicen que somos la síntesis de las cinco personas con las que más relación tenemos. Si te soy sincero, no sé si esto es verdad o es una de esas frases que quedan bien en los libros de autoayuda. Lo que sí que sé es que una de las claves para aprender es rodearte de personas que saben más que tú. Y, a ser posible, de los mejores en su campo, de los *cracks*, de los maestros.

A mí me ha funcionado eso: intentar dar siempre lo mejor de mí y aprender de los grandes talentos de mi sector. Les admiro y siempre que puedo asisto a sus cursos para conocer sus métodos y sus trucos de productividad. De hecho, desde que estoy en el sector inmobiliario destino cada año el 10% de mis beneficios a formarme y te aseguro que es de las mejores inversiones que se pueden hacer. Por cada euro que he destinado a formación he conseguido al menos cinco de retorno.

Esto no sólo es fundamental por el conocimiento que adquieres, sino por las relaciones que estableces, por el famoso *networking*.

Además del interés profesional, en todos los sectores hay grandes mujeres y hombres, muy humanos, especiales e inteligentes. Y su sabiduría es la mayor riqueza a la que podemos aspirar, incluso la única que todos deberíamos acumular, porque es la que verdaderamente nos acerca a la felicidad.

"Creerte mejor que los demás te impedirá aprender. Y, al contrario, acercarte a los demás con humildad y con respeto te abrirá todas las puertas y te ayudará no sólo a aprender, sino a crecer como persona."

En España nos da vergüenza hablar del dinero que ganamos y mucha más preguntarle al rico cómo ha logrado serlo. Preferimos, llevados por la envidia o la arrogancia, criticar al que ha logrado el éxito y extender la sospecha de que "algo malo habrá hecho". Craso error, porque la mejor manera de aprender a hacer algo es preguntarle al que sabe cómo hacerlo. Mejor aún, al que ya lo ha hecho. La mejor inversión que he hecho en mi vida ha sido invitar a comer a personas buenas en su campo. Con toda la humildad del mundo he contactado con ellas y les he dicho: "Te invito a comer porque te sigo, te admiro y quiero aprender de ti". Y casi todos responden muy positivamente.

Cuando una persona que está empezando hace lo mismo conmigo, no lo dudo ni un minuto: llamo a mi mujer y le digo: "Cariño, hoy no voy a comer". Porque siento que hay una persona que me está pidiendo ayuda. Sería un absoluto miserable si me negara a echar una mano a alguien que empieza, explicándole lo que he aprendido de mis éxitos y, sobre todo, de mis fracasos. Cuando cuento esto en alguna charla todavía hay quien me dice: "No te entiendo, ¿por qué regalas la información?". Y contesto: "Porque cuando yo empecé hubo gente que me ayudó y hay que tener memoria Es de bien nacido ser agradecido". La mejor manera que tengo de devolverle a la vida lo mucho que me ha dado es ayudar a los que empiezan. Y además me llena de satisfacción. Como decía Buda en una frase que he puesto al inicio del libro, "si enciendes una luz para alguien, también iluminarás tu camino". Eso es justo lo que trato de hacer con este libro. No busco ningún reconocimiento, tan sólo la satisfacción interna de saber que puedo ayudar.

Esto se puede aplicar también a cualquier empresa. Un buen líder es el que no tiene miedo de compartir su conocimiento para que su equipo se desarrolle y amplíe sus aptitudes. Un buen líder quiere tener un equipo de ganadores, no un grupo de aduladores. Y si algún día uno de sus discípulos le supera, el buen líder se alegra y se siente orgulloso, porque sabe que ha contribuido a mejorar una vida. Porque sabe que lo ha hecho bien.

En nuestra cultura no suele pasar esto, por desgracia. Si un abogado entra en un bufete, está unos años aprendiendo y luego se va para montar su propio bufete, sus ex jefes se lo toman como una traición o una deshonra. Como si el aprendiz no valorara lo que le ha enseñado el maestro. Pero es justo lo contrario: su emancipación, su independencia, es un homenaje a los que le enseñaron. Las personas no son de nadie, y el talento tampoco.

Además, el buen líder es como una locomotora: no necesita que nadie tire de él. Si un vagón se transforma en locomotora, no le preocupa: sigue adelante con serenidad, pues sabe que estará siempre al frente de nuevos proyectos, siempre enseñando y aprendiendo de todo y de todos.

"Un buen líder es el que no tiene miedo de compartir su conocimiento para que su equipo se desarrolle y amplíe sus aptitudes."

En el mundo en que vivimos no basta con adquirir una serie de aptitudes y luego aplicarlas el resto de tu vida. Hay que renovarse constantemente. Renovar los aprendizajes y las habilidades. Tal vez hayas oído hablar del método Kaizen. Yo lo aplico a mi vida desde el principio, aunque antes lo hacía sin saberlo y ahora lo hago con plena conciencia.

Se trata de una filosofía de mejora continua de origen japonés que se puede aplicar a cualquier ámbito de nuestras vidas, aunque sobre todo se aplica en el terreno empresarial. La aplican grandes marcas como Toyota, Honda y Sony. La idea principal es que las pequeñas mejoras diarias pueden hacernos alcanzar objetivos grandes, siempre y cuando las mantengamos a lo largo del tiempo. En el entorno actual, ese que se ha bautizado como VUCA, acrónimo de *volatility*, *uncertainty*, *complexity* y *ambiguity* (volatilidad, incertidumbre, complejidad y ambigüedad), la mejora constante es la mejor vacuna contra cualquier crisis.

En una crisis hay dos tipos de personas: los que lloran y los que venden pañuelos. ¿Tú cuál quieres ser? Si estás en actitud de aprendizaje permanente, de mejora permanente, tienes al menos dos ventajas con respecto al resto:

1. Tienes más recursos para superar la crisis.
2. Como siempre estás dispuesto a aprender, aprendes también de la crisis, de manera que estás más preparado para la siguiente.

El Kaizen consiste también en repetir algo hasta dominarlo. ¿Cuántas veces? Las necesarias. ¿O acaso crees que Pau Gasol lleva la cuenta de las veces que ha tirado a canasta desde que era un crío?

Si alguna habilidad he ido desarrollando con el tiempo es la empatía y el trato con la gente. ¿Cómo lo he logrado? Pues tratando con clientes desde que empecé como camarero con 16 años. Fijándome cada día en cómo entender mejor sus necesidades, en cómo conectar mejor con ellos, en cómo ganarme su confianza. Siempre he tenido cierta facilidad para el trato con las personas, pero en mis más de 30 años de cara al público he ido perfeccionando ese talento día a día. Y he desarrollado otros que no tenía, como la organización y el orden. A base de preguntar a los mejores de mi sector y de ver cómo lo hacían, he implantado procesos que no sólo mejoran mis resultados, sino que me permiten centrarme en aquello en lo que soy bueno.

"En una crisis hay dos tipos de personas: los que lloran y los que venden pañuelos. ¿Tú cuál quieres ser?"

Dicen que el saber no ocupa lugar, pero para adquirirlo hace falta tiempo. Por eso es bueno que enfoques tu tiempo de aprendizaje en aquello que realmente se te da bien. Yo tengo dos hijas. En el momento de escribir esto, la mayor está acabando el bachillerato y quiere estudiar algo relacionado con la medicina. Es una carrera que le encaja, pues es una chica muy responsable, metódica y perseverante. En cambio la pequeña, que tiene seis años menos, es una artista nata; canta, baila y tiene una simpatía natural. Aunque todavía es pronto para ella, parece bastante obvio que no pintaría nada en una carrera como medicina, a menos que la contrataran para alegrar a los enfermos que están ingresados en planta. Ambas opciones me parecen geniales, acordes con su personalidad y su espíritu interior.

Cuando somos adultos y tenemos responsabilidades (un trabajo, personas a nuestro cargo, etc.), el tiempo es limitado. Tú y yo lo sabemos. Y es difícil sacar algunas horas a la semana para formarse en algo nuevo o para mejorar una habilidad que ya tenemos y potenciarla. Pero eso es justo lo que marcará la diferencia, lo que hará que tengas cierta ventaja respecto a otros en tu campo, lo que te convertirá en un/a experto/a.

Como el tiempo es limitado, tienes que escoger bien qué vas a aprender o qué quieres mejorar. Para eso te aconsejo que te hagas un DAFO personal. Se trata de una herramienta que se usa desde hace tiempo en las empresas y que es otro acrónimo, el que forman las palabras debilidades, amenazas, fortalezas y oportunidades. Sería un poco largo explicarte aquí cómo hacerlo y no es el objetivo del libro, pero puedes encontrarlo fácilmente en Internet. De lo que se trata, fundamentalmente, es de identificar cuáles son tus fortalezas y potenciarlas, de manera que puedas afrontar mejor las posibles amenazas y aprovechar mejor las oportunidades que se te presenten.

No hay nada más poderoso que identificar tus talentos y consagrarte a desarrollarlos. Si los tienes claros y los potencias con un método de mejora continua, no habrá quien te pare. Y no sólo eso: fluirás en el trabajo y en la vida, porque cuando trabajas en algo que te gusta, se te da bien y te permite seguir creciendo es casi como si no trabajaras. Deja de ser obligación y se convierte en devoción.

El mayor logro de la vida no es subir ninguna montaña, sino conquistarte a ti mismo. Lo dice muy bien Sir Edmun Hillary: "No son las montañas las que hemos de conquistar, sino a nosotros mismos". Lo curioso del caso es que todos nacemos con esa capacidad, pero la mayoría nos vamos alejando de nuestra esencia a medida que crecemos y que nos dejamos arrastrar por los mandatos de la sociedad: trabaja, compra un coche, cásate, compra una casa, ten hijos, compra un coche más grande, sigue trabajando para pagar la hipoteca... Nos perdemos y al final tenemos que hacer un gran esfuerzo de aprendizaje para volver a nuestro corazón y nuestra alma. Para volver al punto de partida: nuestro interior.

"Como el tiempo es limitado, tienes que escoger bien qué vas a aprender o qué quieres mejorar."

No hay nada que se te dé mejor que lo que se te da mejor de forma innata. Si tienes habilidades para el deporte, dedícate al deporte; si tienes habilidades para el liderazgo, dedícate a liderar; si tienes habilidades para relacionarte con los demás, dedícate a alguna actividad de cara al público. Esto lo explica muy bien Ken Robinson en su libro *El elemento*.

No dejes que otros te digan a qué tienes que dedicarte. El entorno ejerce una gran presión sobre nosotros, porque, como te explicaba en un faro anterior, tenemos la necesidad de formar parte de la sociedad, de la "tribu". Cuentan una historia que no sé si es cierta pero que ilustra esto que te cuento. Dicen que unos científicos hicieron un experimento: pusieron una cría de águila en un corral de pollos y estudiaron su comportamiento. El águila creció viendo lo que hacían los pollos y desde el principio empezó a imitar su comportamiento: comía lo que comían los pollos, se movía como se movían los pollos y dormía como dormían los pollos. Cuando creció, su tamaño era mucho mayor que el de sus "hermanos", pero seguía haciendo lo mismo que ellos. Lo que se preguntaban los científicos era si el águila "recordaba" que era un águila o no, así que hicieron una prueba: lo cogieron y lo tiraron al aire para ver si volaba. Pero el águila no voló. Cayó al suelo agitando brevemente las alas, como un pollo. Como último paso del experimento se llevaron el águila a un peñascal y lo lanzaron desde allí. Era el momento de la verdad: si no volaba moriría. Y entonces el águila, que no tenía más remedio que volar, extendió las alas y majestuosamente se elevó sobre la montaña. De alguna forma "recordó" su esencia de águila y voló.

¿Qué te quiero decir con esto? Pues que para desarrollar aptitudes de águila tienes que rodearte de águilas. Si te rodeas de pollos acabarás comportándote como un pollo. Lo cual no está mal si aspiras a ser un pollo, pero es una pérdida de tiempo y de talento si aspiras a ser un águila. El problema es que normalmente nos conformamos con ser pollos y sólo cuando la vida nos pone ante el peñascal sacamos las alas... o nos pegamos un tortazo contra el suelo. La vida al final siempre te pone en este tipo de situaciones y depende de ti aprovecharlas para volar o quedarte en el corral.

En realidad sólo hay una forma de vivir que es ser tú mismo/a, sacar tu carácter y decidir por ti. Seguir al rebaño no es vivir, sino sobrevivir. Entiendo que hay personas que no pueden escoger, que nacen en un entorno hostil y sólo pueden luchar para sobrevivir. Plantearse otra cosa sería para ellos una frivolidad. Pero la mayoría de nosotros, los que hemos nacido, como decía la canción de Jarabe de Palo, "en la parte buena del mundo", sí podemos. Es sólo cuestión de valor y de desarrollar nuestras aptitudes.

Somos mucho más fuertes de lo que creemos. Todos podemos desafiarnos un poquito más cada día e ir desarrollando nuestra capacidad. No se puede hacer de la noche a la mañana, pero sí manteniendo el foco a lo largo de los años. Para eso tenemos que salir del victimismo, dejar de mirarnos el ombligo y adquirir nuevos hábitos.

Ya te he hablado en otro faro de James Clear, autor del libro *Hábitos atómicos.* Su filosofía encaja perfectamente con la del método Kaizen: haciendo pequeños cambios en nuestros hábitos podemos plantearnos grandes desafíos. En realidad es fácil: se trata de identificar tus patrones erróneos y sustituirlos por otros que te funcionen para llegar a donde quieres. Soñar es fácil, lo difícil es trabajar para alcanzar tus sueños. Y sólo hay una forma de hacerlo: un paso cada día, una mejora cada día.

"Somos mucho más fuertes de lo que creemos. Todos podemos desafiarnos un poquito más cada día e ir desarrollando nuestra capacidad."

Si no hay desafío, no hay superación. Si no hay superación, no hay excelencia. Y si no hay excelencia, no hay resultados.

No se trata de ser el primero, sino de ser tú. Yo nunca he buscado ser el primero en nada, pero sí mejorar un poquito cada día y divertirme por el camino. Porque también hay que disfrutar, como veremos en el último faro. A eso, ya te lo adelanto, no me gana nadie.

Siempre he buscado ir un poco más allá, innovar en algún aspecto de mi trabajo o de mi vida. Ahora bien, si no lo consigo no me frustro. Tomo nota, rectifico y busco una manera nueva de hacerlo. Busco, aprendo y pongo en práctica lo aprendido hasta que lo integro en mi vida. El aprendizaje es el gran catalizador.

Y si en algún momento noto que me falta la energía o la motivación, me recuerdo mis grandes pasiones: la vida, las personas y el aprendizaje. Me recuerdo que la vida es un regalo que sólo nos hacen una vez y me pongo contento. Entonces lo veo todo como una oportunidad, como un milagro. Veo abundancia en todas partes y vuelo. Me sube la energía a mil y voy como una moto, pero una moto que funciona con keroseno, como los aviones. ¡Mi octanaje es brutal! Hay quien piensa que voy dopado, pero no hay nada de eso: simplemente soy consciente del milagro que supone estar vivo un día más. Lo fácil es morir, lo difícil es seguir adelante. Por eso veo cada día como lo que es: una oportunidad única de seguir aprendiendo. Siempre digo, medio en broma medio en serio, que el día que venga el tío de la guadaña le diré: "Escucha, que te has *equivocao*, que a mí no me toca todavía". Yo de mayor quiero ser como Clint Eastwood. Hace poco le preguntaron en una entrevista cuál era su secreto para seguir dirigiendo películas con ochenta y tantos años y respondió: "Muy fácil: me levanto por la mañana y no dejo que el *viejo* entre en mí".

"La vida es un regalo que sólo nos hacen una vez."

Si en algún momento sientes que has dejado de evolucionar, de crecer, plantéate nuevos retos y busca nuevos aprendizajes para superarlos. El mundo está en constante movimiento, así que no podemos quedarnos estancados. Activa y despierta tu curiosidad, porque para formarte constantemente es lo único que necesitas.

Hay información por todas partes: libros, vídeos gratuitos en Internet, conferencias, etc. Eso sí, si quieres mentores de prestigio necesitas invertir cierta cantidad de dinero. Como te decía antes, yo siempre guardo un 10% de mis ingresos anuales para seguir formándome, y he calculado que por cada euro que gasto en formación de calidad obtengo un retorno mínimo de cinco euros.

Ahora bien, entiendo que para invertir dinero en formación tienes que tener unos buenos ingresos, por eso en el siguiente faro te hablaré de mi fórmula para adquirir libertad financiera. No me gustaría que me vieras simplemente como un charlatán que suelta frases bonitas, porque lo que te digo está basado en mi propia vida y es real. Así que te explicaré mi "ruta del dinero" para que tú también puedas seguirla. Este es, de hecho, un conocimiento o aptitud que adquirí en su momento llevado por la ambición de mejorar mis ingresos y me ha ido muy bien. Me ha permitido empoderarme, afrontar momentos de crisis con tranquilidad y formarme con grandes maestros de los que he aprendido lo poco o mucho que sé.

Sea como sea, y en la medida que sea, el secreto está en seguir planteándote pequeños retos cada día y en seguir aprendiendo para superarlos. Está en tomarte cada día como una nueva oportunidad para mejorar, para innovar en algún aspecto de tu vida, para ir un poco más allá. No por la ambición de tener más dinero o más bienes materiales, sino de sentirte realizado/a. De sentir que vives una vida con sentido.

Para mí el éxito es sentir que vives una vida con sentido. Y si no te preparas, el éxito no llega.

"Si en algún momento sientes que has dejado de evolucionar, de crecer, platéate nuevos retos y busca nuevos aprendizajes para superarlos."

Faro 10: LIBERTAD
Nunca cambies tu libertad por algo material

"Prefiero una libertad peligrosa que una servidumbre tranquila."
María Zambrano, intelectual, filósofa y ensayista.

Aunque nunca fui a la universidad, me encanta leer libros sobre filosofía, tanto occidental como oriental. Uno de mis filósofos preferidos es el griego Epicteto (55-135 d.C.), que tuvo una vida apasionante: pasó de ser esclavo de un liberto en Roma cuando era niño a fundar su propia escuela en el norte de Grecia y convertirse en uno de los filósofos más respectados de la historia, incluso más que Platón en su momento. Aunque no escribió nada, como Sócrates, sus enseñanzas fueron recogidas por algunos de sus discípulos y han llegado hasta nuestros días. No sólo han llegado, sino que tienen una vigencia absoluta.

Para Epicteto, que pertenecía a la escuela de los estoicos, la libertad era fundamental, por razones obvias (fue esclavo durante buena parte de su vida). Él la definía con una frase que para mí se ha convertido en un lema de vida: "Que nunca nada ni nadie te ate a nada ni a nadie". Esto, en resumidas cuentas, quiere decir ser fiel a ti mismo y a tus valores, no sacrificarlos para conseguir algo o para estar con alguien, pues eso significa convertirte en esclavo de ese algo o de ese alguien.

En mis palabras, la libertad consiste en no sacrificar tus principios e ideales por algo material, sino ser siempre fiel a ti, a tu carácter, a tus valores. No es fácil hacer esto en el mundo en que vivimos. Allí donde miras encuentras mensajes publicitarios que te animan a hacer lo que sea para convertirte en alguien exitoso, alguien rico, guapo y admirado. Es un bombardeo continuo del que es muy difícil abstraerse. Tendría uno que convertirse en eremita e irse a vivir a una cueva para no verse contaminado por esas ideas engañosas de éxito.

Los estoicos como Epicteto predicaban y practicaban un tipo de éxito diferente. Ellos le llamaban *eudaimonía,* que se puede traducir como "felicidad". La *eudaimonía,* (o sea, el éxito, la felicidad) es el resultado de mantener una vida basada en la virtud, que es la suma de la *ataraxia* ("imperturbabilidad"), la *apatía* ("desapasionamiento") y las *eupatías* ("buenos sentimientos"). Dicho de una forma más sencilla, se trata de practicar el autoconocimiento para no dejarse llevar por la apariencia de las cosas, sino por la razón y la benevolencia.

Estoy lejos de ser un estoico porque todavía no he logrado incorporar a mi vida dos de sus principios, el desapasionamiento y la imperturbabilidad (¡soy un apasionado bastante perturbado!), pero comparto con ellos la necesidad de vivir de acuerdo con unos valores de respeto y bondad, procurando que lo material (las ambiciones, los deseos) no me desvíe de esos valores. No siempre lo consigo, por supuesto, pero cada vez que me doy cuenta que me desvío analizo mi comportamiento y procuro corregir el rumbo. Ese es, al fin y al cabo, el sentido de este libro, ayudar a mantener el rumbo, el tuyo y el mío. Los faros también me sirven a mí, pues soy humano y a veces también me pierdo.

"Que nunca nada ni nadie te ate a nada ni a nadie". Epicteto

Muchas personas entienden la libertad como la capacidad o la posibilidad de hacer lo que quieres, cuando quieres y como quieres. Esa es una idea simple y egoísta, pues no tiene en cuenta a los demás. No tiene en cuenta que vivimos en sociedad y que nuestra felicidad y nuestra libertad no son indisociables de la felicidad y la libertad de los demás. Todos juntos formamos una comunidad y tenemos que renunciar a ciertas libertades individuales para favorecer esa vida en común. Yo no puedo entrar en el piso de mi vecino, abrir su nevera y sentarme en su sofá sin pedirle permiso, porque entre todos hemos decidido que existe la propiedad privada y hemos puesto unas leyes para poder convivir. Se podría decir aquello de que mi libertad acaba donde empieza la de los demás.

En realidad, la libertad de la que yo hablo no es esa libertad exterior de ir donde uno quiera o hacer lo que uno quiera, sino el sentimiento interno de sentirte libre. Uno puede sentirse libre incluso estando encarcelado y, por el contrario, puede sentirse encarcelado incluso disfrutando de una total libertad de movimientos. Porque nuestra cárcel y nuestro carcelero están en nuestro interior y se llama mente.

Nuestra mente, condicionada por los estímulos del entorno y por nuestras propias creencias, nos empuja de aquí para allá si no tomamos las riendas y la dominamos. Es un ejercicio diario, pues cada día recibimos mensajes que nos prometen la felicidad si compramos un coche nuevo más potente o una crema milagrosa que nos quita veinte años de encima.

Hay que ser un titán para resistir esos embates, pero no hacerlo supone ir a la deriva. Una deriva peligrosa, pues podemos acabar sacrificando no sólo nuestra libertad interior, sino también la exterior. Me refiero a que, si nos dejamos llevar por esos mensajes que nos prometen el paraíso en la tierra si consumimos tal o cual producto, podemos acabar endeudándonos tanto que al final tengamos que trabajar sólo para pagar deudas. Te puedes encontrar pagando durante años préstamos que te sirvieron para comprar cosas que en realidad no te hacen feliz. Y, de esta forma, además de sentirte atrapado interiormente, tendrás muy limitada tu libertad exterior, pues tendrás que trabajar como un loco o una loca para pagar todo eso. Te habrás metido en lo que Robert Kiyosaki llama "la rueda del hámster".

"La libertad de la que yo hablo no es esa libertad exterior de ir donde uno quiera o hacer lo que uno quiera, sino el sentimiento interno de sentirte libre."

Cuando tenía veintitantos años mi curiosidad y mi ambición me llevaron a aprender sobre un concepto que ahora está muy de moda: la libertad financiera. Uno de los primeros a los que leí fue justamente Kiyosaki y su famoso *Padre rico, padre pobre*. Si no lo has leído te recomiendo que lo hagas, pues habla justamente de no dejarte atrapar por la rueda de la sociedad consumista, que siempre nos empuja a querer más y a endeudarnos para conseguirlo. O sea, a correr y correr para no movernos del mismo sitio, como un ratón en una rueda dentro de una jaula.

La libertad es un bien demasiado preciado como para regalársela a otros, a los que se están enriqueciendo a costa de tus deseos materiales y de tus deudas. Su libertad es tu sacrificio. Por eso tienes que actuar con inteligencia. Con inteligencia financiera. ¿En qué consiste esto? Pues en conocer cómo funciona la economía y aplicar el sentido común. No soy ningún experto en finanzas, pero con los años he ido aprendiendo y me ha ido bastante bien. Y quiero ahora compartir contigo lo que me ha funcionado para que tú puedas aplicarlo.

Por una cuestión de espacio lo he resumido en un decálogo sencillo, aunque no descarto en breve dedicar un libro a explicarlo más en detalle. Y lo he llamado, para que se entienda fácilmente, La Ruta del Dinero, aunque en realidad el objetivo último no es conseguir dinero, sino libertad financiera para llevar la vida que tú quieres y para no tener que renunciar nunca a tus valores:

LA RUTA DEL DINERO

1. **En tus primeros trabajos sé humilde y aprende.**

   Los primeros trabajos no suelen ser vocacionales ni estar bien retribuidos. A pesar de eso, tienes que poner humildad, esfuerzo, fe y ganas de aprender de los demás. Piensa que estás luchando por lo que quieres lograr en la vida.

2. **Ama lo que haces mientras no puedas hacer lo que amas.**

   En algún momento tienes que encontrar la valentía para dejar ese trabajo que no te llena y arriesgarte en un nuevo terreno desconocido. No puedes quedarte ahí demasiado tiempo. Pero mientras no das el salto, ponle ganas, interés e incluso amor a lo que hagas, porque de esta forma seguirás aprendiendo y mantendrás un buen estado de ánimo. La vida laboral influye mucho en la alegría de las personas. Aprende a ser feliz con lo que tienes mientras consigues lo que quieres.

3. **Trabaja duro y ahorra.**

   A menos que recibas una herencia o te toque la lotería (ambas cosas bastante improbables) tienes que ahorrar si quieres conseguir tu libertad financiera. Hazte un plan de ahorro y cúmplelo. Y cuando reúnas algo de dinero empieza a invertir en pequeñas operaciones para ir adquiriendo cultura financiera.

4. **No pienses en el dinero, sino en ayudar.**

   Paradójicamente, para ganar dinero lo mejor es no pensar en el dinero, sino en ayudar a tus clientes. Mi objetivo principal nunca es ganar dinero con una venta, sino ayudar. El dinero es una consecuencia de esa ayuda, de esa vocación de servicio, que siempre está por delante de cualquier cuestión económica. Por tanto, no te levantes pensando "cuánto voy a ganar hoy", sino "a cuántas personas voy a ayudar hoy".

5. **Fórmate en finanzas.**

   En la escuela no nos enseñan algo tan necesario como cultura financiera ni nos hablan de conceptos clave como los ingresos pasivos y el interés compuesto. Así que tienes que formarte tú por tu cuenta. Busca personas que sean referentes en inteligencia financiera, lee sus libros y aprende de ellas. Introdúcete en ambientes de negocios para aprender también de personas cercanas o líderes de diferentes sectores. Y pregúntales: aunque te parezca sorprendente, estarán encantados de compartir contigo sus conocimientos.

6. **Diversifica y aprende de los errores.**

   Invierte siempre diversificando en varios sectores. Algunas inversiones irán bien y otras mal: aprende de todas ellas. Al principio, si no sabes, hazlo de la mano de algún experto con resultados demostrados y que sea buena persona (nunca hagas negocio con personas que no tengan corazón). Y nunca inviertas el dinero que necesites para tu vida diaria, aunque te prometan el maná universal.

7. **Usa el apalancamiento, pero con cabeza.**

   Para obtener ingresos pasivos invierte en el sector inmobiliario. Aunque tengas poco dinero al principio, puedes comprar plazas de parking, locales pequeños, etc. A mí me ha funcionado trabajar con el apalancamiento. Empecé con la compra de locales en la que aportaba el 50% de recursos propios y el 50% restante se lo pedía al banco. Hacía esto mientras tenía mi propio restaurante, por lo que tenía así dos fuentes de ingresos: la de mi negocio y los ingresos pasivos por el alquiler de locales.

8. **Evita las compras impulsivas.**

   Tienes que mantener siempre una mentalidad ahorradora. No pierdas la cabeza cuando empieces a tener dinero. El ego es muy peligroso y te puede llevar a comprar compulsivamente productos que realmente no necesitas. Nunca verás a una persona que tiene mucho dinero preocupada por aparentar, así que no lo hagas tú tampoco. No pierdas la cabeza.

9. **No pierdas de vista lo importante.**

   Nunca dejes de atender o cuidar de tu familia por la ambición de crecer económicamente. Es un peaje demasiado caro. Se trata de conseguir la libertad financiera, no de acumular por acumular.

10. **Vive y agradece.**

    No te olvides de disfrutar de la vida. Aunque trabajes duro por lo que sueñas, también tienes que disfrutar. Agradece la suerte que tienes y compártela con los amigos y la familia.

"Recuerda: el objetivo último de La Ruta del Dinero no es conseguir dinero, sino libertad financiera para llevar la vida que tú quieres y para no tener que renunciar nunca a tus valores."

La energía que mueve el mundo es el amor, pero no podemos ser ingenuos y pensar que el dinero no tiene importancia. La tiene y mucha. No debe ser nunca lo prioritario ni un objetivo en sí mismo, pero sí requiere de nosotros una serie de esfuerzos. El mundo funciona así y no podemos vivir de espaldas al mundo. Podemos intentar cambiar aquellas cosas que no nos gustan, pero desde dentro y usando palancas como la libertad financiera.

En el siguiente faro te hablaré de la solidaridad y de los proyectos solidarios que he puesto en marcha en los últimos años, entre ellos este libro. No nos engañemos: esto es algo que no habría podido hacer sin aplicar durante años La Ruta del Dinero, que me ha permitido ahora disfrutar de cierta tranquilidad a nivel financiero.

Para conseguir esto no hay atajos. Sólo conozco tres maneras de alcanzar la libertad financiera: trabajo, trabajo y trabajo. Hoy en día se ha extendido cierto glamur en torno a la figura del emprendedor. Los éxitos de gente como Mark Zuckerberg, el fundador de Facebook, y muchos otros jóvenes triunfadores ha difundido la creencia de que teniendo una idea genial y disruptiva que ayude a mejorar la vida de las personas te puedes convertir en millonario de la noche al día. Y no te digo que eso no suceda, pero le pasa a menos de un 1% de los emprendedores. E incluso aquellos que triunfan con sus ideas tienen que trabajar como locos para desarrollarlas, conseguir financiación, hacer que crezcan y mantenerse a pesar de la competencia.

Así que el camino de la libertad financiera pasa por trabajar mucho, con humildad, constancia, autoconocimiento, formación, espíritu de mejora constante y... más trabajo. Sin olvidar lo esencial (la salud, la familia, los amigos...), pero trabajando mucho. Al menos así ha sido en mi caso. Si vienes de buena familia y te pueden sostener económicamente, tal vez puedas llegar antes, pero para mantenerte tendrás que trabajar duro.

Si haces un buen trabajo de autoconocimiento para identificar tus talentos, dedicas tiempo y recursos a aprender de los mejores y le pones muchas horas, tienes ya una ventaja competitiva, pues menos del 10% de las personas hacen esto. Y si además te enfocas a la satisfacción del cliente y te rodeas de equipos humanos cualificados, no habrá quien te pare.

No olvides ser generoso/a por el camino y practicar siempre el *win-win*, que significa que todos salgan contentos en cualquier operación comercial. No es sólo por una cuestión de generosidad o de justicia, sino también de interés propio, pues si todo el mundo queda contento dejarás un buen recuerdo y eso te generará una buena reputación profesional. Y no hay nada más rentable a largo plazo que una buena reputación.

"El camino de la libertad financiera pasa por trabajar mucho, con humildad, constancia, autoconocimiento, formación, espíritu de mejora constante y... más trabajo."

La libertad consiste para mí en no sacrificar mis principios e ideales por algo material. Si quiero tener una casa o un coche nuevos, estudio muy bien lo que eso supondrá para mi vida en términos no sólo de dinero, sino de libertad. Si me roba libertad, tengo claro que no vale la pena. Es mejor vivir con poco y libre que con mucho y atrapado.

Para mí una buena vida, una vida aprovechada, consiste en hacer tres cosas: vivir bien, intentar dejar un mundo mejor y no dejar cadáveres por el camino. Cuando hablo de vivir bien me refiero justamente a no poner la ambición material por encima de las personas. Antes de morir quiero poder mirar atrás con la conciencia tranquila y reconocerme en lo que he hecho. No me importa mucho lo que digan o dejen de decir sobre mí, sino más bien mi propio autojuicio. Me gustaría pensar que he sido una buena persona y he dejado buena huella en la sociedad. Mi vida, como la vida de cualquiera, es absolutamente insignificante en comparación con la inmensidad del universo, pero es la mía, así que quiero que sea una vida bonita.

Lo importante nunca es el dinero que ganas o las posesiones que acumulas, sino la persona que eres. Lo dijo muy claro el empresario estadounidense Jim Rohn, auténtico maestro en esto de la libertad financiera: "Lo importante no es el dinero que ganas, sino la persona en que te conviertes por el camino".

No quiero ser recordado como una persona importante, sino como una buena persona que disfrutó del viaje, que ayudó todo lo que pudo y que no dejó cadáveres por el camino. Justo para eso he construido mi libertad, porque la libertad no es algo que viene dado, sino algo que te ganas día a día. Porque cada día tienes que luchar por no perder tu esencia.

Nos pasamos la vida tratando de encajar en el mundo y cayendo en el juego de la sociedad material. Eso nos aleja de nuestra esencia, de nuestro ser original, de nuestra libertad. Por eso es básico estar atentos, trabajar la conciencia y no perdernos en ambiciones materiales que nos roban la libertad. Y si en algún momento lo hacemos, buscar de nuevo el faro de la libertad y volver a nuestra senda.

Tenemos mucha facilidad para complicarnos la vida, pero la felicidad está a menudo en descomplicársela, en simplificar para ver con claridad cuál es nuestro sitio y para aplacar al ego, que siempre busca un protagonismo excesivo. Vivimos más libres cuando aprendemos a vivir sencillo. Esto no quiere decir privarnos de tener un móvil bueno o una casa bonita. Quiere decir que para conseguir ese móvil o esa casa no sacrifiquemos lo más preciado que tenemos: nuestra libertad.

¿Cómo resistirse a los cientos de mensajes diarios que nos impulsan a consumir y a entregar nuestra libertad a cambio de objetos que nunca nos harán felices? Si fuéramos estoicos sería sencillo, pero no lo somos. ¿Cómo discernir entonces entre lo que es verdaderamente importante y lo que no en nuestra vida? Te lo diré: entrenando nuestra mente.

"Nos pasamos la vida tratando de encajar en el mundo y cayendo en el juego de la sociedad material. Eso nos aleja de nuestra esencia, de nuestro ser original, de nuestra libertad."

La mente es la clave. La libertad, como te comentaba al inicio de este faro, está más en el interior que en el exterior.

Para vivir libre básicamente tienes que trabajarte a ti. Conquistar la vida es conquistarte a ti mismo/a, tomar el timón. Además de seguir La Ruta del Dinero tienes que seguir La Ruta de la Conciencia, que básicamente consiste en cinco pasos:

LA RUTA DE LA CONCIENCIA

1. **Vive el presente.**

   Vive el presente de la manera consciente. Este es el estado natural del ser humano. Si te pierdes con la mente en el pasado o en el futuro no vives el momento presente, que es el único real.

2. **Medita.**

   Practica la meditación para fortalecer la mente y tener claridad y discernimiento. Conviértela en un hábito, pues el éxito es al final una suma de hábitos saludables.

3. **No reacciones, responde.**

   Responde a los hechos desde tu propia verdad y desde tus propios valores. No te dejes llevar por los impulsos. Una cosa es reaccionar y otra distinta responder. Reaccionar es actuar de forma impulsiva ante una situación. Lo hacemos a veces porque nos sentimos amenazados y no nos paramos a observar nuestras emociones. Responder, en cambio, consiste en parar un momento, observar cómo nos sentimos y elegir cómo actuamos.

4. **Relativiza tus creencias.**

   Tu forma de vivir depende de tu forma de pensar y tu forma de pensar depende de tus creencias. Esas creencias, que has ido construyendo a lo largo de tu vida por miedo o por supervivencia, son como palos en las ruedas que te impiden avanzar. O sea, que limitan tu libertad. Por tanto, relativiza y cuestiona tus creencias.

5. **Evita los apegos.**

   La adicciones y los apegos nos atan a cosas y personas. No hace falta ser un estoico para darse cuenta de que esos apegos nos quitan libertad para elegir la vida que queremos.

Enlazando con esto último, y ya para acabar, recuerda la sencilla frase de Epicteto: "Que nada ni nadie te ate a nada ni nadie". Porque en realidad la única que se ata es tu mente. Ni tú ni yo somos en realidad poseedores de nada. Somos simples usufructuarios. Tenemos el derecho al uso y disfrute durante un tiempo limitado de una serie de cosas: de una vida, de unos padres, de un colegio, de unos amigos, de una sociedad, de unos hijos, de un planeta...

La mente quiere y el corazón ama. La diferencia la explica muy bien *El principito*: cuando amas una rosa la observas, la admiras, la hueles y la disfrutas; cuando quieres una rosa la arrancas y te la llevas a casa. Pero cuando quieres poseer algo ya lo has perdido. Y, además, empiezas a tener miedo de perderlo, lo cual es otra forma de vivir atrapado, de perder la libertad. Olvida eso: no podemos perder nada porque nunca tuvimos nada, porque todo es temporal y estamos de paso. Lo que sí podemos hacer, con nuestro libre albedrío, es escoger cómo queremos que sea ese paso; cómo queremos que se nos recuerde.

"La mente es la clave. La libertad está más en el interior que en el exterior."

Faro 11: GENEROSIDAD
Ayuda siempre que puedas (siempre puedes)

"Nadie que haya aliviado el peso de sus semejantes habrá fracasado en este mundo."
Charles Dickens, escritor.

Desde pequeñito he sido muy desprendido. Siempre he sentido que lo mío no era en realidad mío, o que lo era sólo durante un tiempo. Me acuerdo, por ejemplo, de que mi madre me ponía en la mochila del colegio Phoskitos para desayunar y yo los compartía con mis compañeros de clase durante el recreo. Todos los niños de mi edad nos moríamos por aquellos bollos, que eran el dulce preferido de la época, así que venían y me pedían un cachito. Y yo empezaba a darles hasta que me quedaba casi sin nada. No me importaba, me salía ser generoso de forma natural.

He mantenido este espíritu a lo largo de mi vida. Ahora soy un poco más precavido, claro, porque a veces tropiezas con personas que se aprovechan de tu generosidad, pero sigo sintiendo un gran placer cuando comparto lo que tengo con las personas que me rodean. Y cuando hablo de lo que tengo no me refiero sólo a dinero, sino a todo: tiempo, conocimientos, contactos, alegrías, ánimo, optimismo, etc. El desánimo, cuando aparece, que no es muy a menudo, me lo guardo para mí, porque lo que quiero es alegrarle el día a las personas con las que me cruzo, no ensombrecérselo.

Compartir, por tanto, es algo natural en mí, pero si no es tu caso también lo puedes trabajar, como todas las actitudes, creencias y hábitos que tienes. Hazlo aunque sea por egoísmo, porque las personas generosas suelen ser más alegres, más productivas, más sociables y, por supuesto, más felices. No lo digo yo, está comprobado científicamente por varios estudios.

Es una cuestión puramente energética: si eres generoso y amable, recibes generosidad y amabilidad. Si, por el contrario, eres "engurruñío", como decimos en Málaga (o sea, tacaño) la vida te responde con la misma moneda: si tú no eres generoso/a con ella, ella tampoco lo es contigo.

La vida te devuelve lo que das. A lo mejor no lo hace inmediatamente, o cuando tú quieres que lo haga, pero por una extraña ley de causa-efecto (en oriente lo llaman *karma*) acaba compensando para buscar su propio equilibrio, su homeostasis. Estoy convencido de que existe la energía de la bondad y que si la haces circular al final siempre vuelve a ti, a menudo multiplicada.

A lo mejor piensas que esta es una idea inocente, naíf. Pero te aseguro que no, lo vivo cada día en mi propia piel, como te explicaré a continuación, cuando te hable de mis proyectos solidarios. Es cierto que puedes cruzarte con gente que se aproveche de tu energía bondadosa y te utilice para tu beneficio egoísta (a mí también me ha ocurrido) pero es un peaje que hay que pagar por ser fiel a tu carácter. Al final, cuanto más fiel seas a ti y más tranquila tengas la conciencia mejor te irá en la vida. Quizás no acumularás grandes riquezas, pero la acumulación no te va a hacer más feliz, mientras que la bondad sí. Si siembras bondad en tu corazón, brotará de ti una energía que lo impregnará todo, empezando por tu propia vida. Mi lema en este sentido es que el sol sale para todos: alégrate del logro ajeno y habrás entendido la vida.

"Las personas generosas suelen ser más alegres, más productivas, más sociables y, por supuesto, más felices."

He asistido a muchos cursos y charlas de crecimiento personal y he visto motivaciones muy variadas en las personas que acuden a ellas. Una de las más habituales, sin embargo, es la de solucionar algún problema personal: una separación, una ruina, una enfermedad, etc. El principal error de estas personas es que buscan una solución que venga de fuera, una fórmula mágica revelada por alguien supuestamente sabio. Pero su vida sólo mejora cuando cambian por dentro.

Antes o después todos debemos hacer un viaje al interior y reprogramar algunas creencias o actitudes que han ido forjando nuestra personalidad. Funcionamos gracias a una serie de programas mentales que otros han ido instalando en nuestro cerebro a lo largo de nuestra vida (y nosotros lo hemos permitido), pero esos programas son los que nos meten en el problema. Por eso tenemos que explorar dentro, desprogramarnos y volvernos a programar con lo que sí funciona.

El programa que nos han instalado, al menos a los de mi generación, es: "Piensa sólo en tu felicidad, porque lo importante eres tú. Los demás que se busquen la vida". Es el dogma del individualismo imperante en nuestra sociedad. Pero eso no conduce a nada bueno. Ese programa no funciona, porque el individualismo conduce a la soledad, y felicidad y soledad son términos antagónicos.

Mi abuelo, del que te he hablado unos capítulos atrás, tenía otra forma de pensar, como lo demuestra otra frase suya que conservo en mi memoria y que siempre me ha guiado: "El que no vive para servir no sirve para vivir". En realidad tiene mucho más sentido esto que pensar sólo en ti y en tu bienestar, pues la vocación de servicio es mucho más satisfactoria para las personas que el sálvese quien pueda.

Compartir, al final, es una cuestión de sentido común. Una persona sola consigue muy poco en la vida. De hecho, aunque los historiadores tienden a exaltar figuras individuales, todos los grandes hitos de la humanidad son producto de un grupo de personas más o menos numeroso. Como reza aquel proverbio africano: "Si quieres ir rápido, ve solo; si quieres llegar lejos, ve acompañado".

Si no cuidas de tu comunidad, ¿cómo puedes esperar que tu comunidad cuide de ti? Este es uno de los grandes males de nuestro mundo supuestamente avanzado. Cada vez estamos más conectados, pero cada vez estamos más separados y más solos. Podemos tener cualquier cosa fabricada en la otra punta del mundo, pero no sabemos ni el nombre de nuestros vecinos.

En lugar de agradecer lo mucho que tenemos, nos quejamos de lo poco que nos falta. Somos unos desagradecidos. Nos falta gratitud y nos falta sencillez. Y, peor aún, nos falta ternura y amor incondicional hacia los demás.

"El individualismo conduce a la soledad, y felicidad y soledad son términos antagónicos."

La generosidad es un camino de ida. Quiero decir que sólo es verdadera cuando no esperas nada a cambio, ni siquiera un reconocimiento. La plenitud está en dar sin esperar, en dar sin miedo, en dar sin importar lo que haga la persona que recibe. Seguramente se acordará de ti y te lo agradecerá, pero si no lo hace, no importa. Tú no dejes de dar, porque el placer de dar está en el dar mismo.

No te conformes con dar dinero o bienes materiales. Eso en realidad es dar poco, como dice el maravilloso poema de Gibrán en *El profeta*:

"Hay quienes dan poco de lo mucho que tienen, y lo dan para reconocimiento, y su oculto deseo hace sus dádivas insanas.

Y hay quienes tienen poco y lo dan todo. Estos son lo que creen en la Vida y en la generosidad de la Vida, y su cofre nunca está vacío.

Hay quienes dan con alegría y esa alegría es su recompensa.

Y hay quienes dan con dolor y ese dolor es su bautismo.

Y hay quienes dan y no conocen la pena de dar ni buscan alegría ni dan con preocupación de virtud. Dan como en el valle lejano el mirto exhala su fragancia, en el espacio."

Dar dinero para causas benéficas está muy bien, pero todavía está mejor dar ternura, dar alegría, dar consuelo, dar compañía, dar fortaleza, dar confianza... Todos somos vulnerables y tenemos momentos de debilidad, incluso los más fuertes. Por eso le doy mucha importancia a la ternura. A dar abrazos, a dar besos.

Hay que dar más a menudo, incluso las gracias. No te imaginas el bien que puedes generar a tu alrededor con un simple "gracias". Hace poco fui al hospital de Málaga y desayuné en una cafetería que hay enfrente. Pedí un café y unos churros. Los churros eran caseros y estaban buenísimos. Cuando fui a pagar y le dije al camarero: "Te quiero dar las gracias porque hacía años que no me comía unos churros tan buenos. Dale las gracias de mi parte a quien los haya hecho". Y me respondió: "Pues si quieres dáselas tú, porque está en la cocina". Me asomé a la puerta de la cocina y vi a la cocinera: "Mire, le quería dar las gracias porque me he comido unos churros como hacía tiempo que no me comía. Se nota que están hechos con amor". Y de pronto la cocinera se me puso a llorar de la emoción. Le pregunté: "¿Está usted bien?". Y me dijo: "Sí, sí, estoy más que bien. Es que yo los hago siempre con amor, pero nadie me lo dice. Y me ha alegrado usted el día".

No hace falta hacer una donación a una ONG ni montar un hospital en África para practicar la generosidad. Cualquiera, desde su puesto de trabajo, incluso desde el más modesto, puede tener un impacto diario brutal. Para eso basta con dejar de quejarse y ponerse a dar. Dar amor todos los días sin tacañería. Porque cuando te conectas con el amor, con la fuente, con la magia de la vida, ya no te quejas más. Todo es abundancia.

"Dar dinero para causas benéficas está muy bien, pero todavía está mejor dar ternura, dar alegría, dar consuelo, dar compañía, dar fortaleza, dar confianza..."

Compartir es vivir y vivir es compartir. Todo lo que consigues en la vida cobra sentido cuando lo compartes con alguien, cuando dejas de pensar en ti y te pones al servicio de la humanidad. Eso no quiere decir que no debas tener tus momentos de cuidarte, de escuchar música, ir al gimnasio o simplemente sentarte a mirar un paisaje. Debes regalarte al menos una hora al día para hacer sencillamente lo que te apetezca y te beneficie, para practicar lo que llamo "egoísmo positivo".

Hay personas muy cuidadoras que se vuelcan tanto en los demás que se olvidan de sí mismas, pero eso no es sano. La analogía de los aviones es muy clara al respecto: en caso de turbulencias, cuando se descuelguen las mascarillas de oxígenos del techo primero tienes que ponerte la tuya y después ayudar a otros a ponerse la suya. El razonamiento es sencillo: ¿cómo vas a ayudar a respirar a otros si tú no respiras? Podrás hacerlo durante un rato conteniendo la respiración, pero no tardarás en ahogarte.

Eso sí, todo tiene una medida. No tienes que esperar a sentirte superfuerte para ayudar. No existen los superhéroes, al menos los de las películas. Los que practicamos diariamente la generosidad somos personas normales que también sufrimos y tenemos nuestras limitaciones. A veces nos duele la cabeza o tenemos mal día. ¿Crees acaso que Vicente Ferrer o la madre Teresa de Calcuta tenían un físico a prueba de bomba? ¡Claro que no! Algunos días debían levantarse de la cama con el cuerpo dolorido o sin ganas de hacer nada. Sin embargo, su amor por los demás les empujaba a esforzarse y seguir con su misión. Tenían claro su propósito, su sentido, su ikigai, como lo llaman los japoneses.

No digo que tengamos que ser santos, pero todos podemos practicar la generosidad y la solidaridad cada día de nuestras vidas, en mayor o menor medida. Si no lo haces por los demás al menos hazlo por ti, porque al ayudar el primero que te ayudas eres tú. Como reza una de las citas iniciales del libro, "si enciendes una luz para alguien, también iluminarás tu camino".

No hay nada que llene más que entregar tus talentos al mundo, que compartirlos con tus congéneres. Te sientes pleno, te sientes inmenso, te sientes eufórico y te sientes vivo. Sientes que tu vida adquiere por fin sentido, más todavía cuando unes esos talentos a los de otros para crear una familia, una empresa, un equipo de fútbol, una peña o incluso un país. Lo más importante que puedes conseguir en tu vida no son tus obras individuales, sino aquellas que creas mediante la colaboración y el trabajo en equipo.

"¿Cómo vas a ayudar a respirar a otros si tú no respiras? Podrás hacerlo durante un rato conteniendo la respiración, pero no tardarás en ahogarte."

El altruismo es ir un paso más allá de la generosidad. Es como la generosidad al cuadrado. Es ayudar absolutamente desde el corazón, sin estrategias ni expectativas. Es tratar a personas desconocidas como si fueran tu hermano o tu hermana, aceptando que todos nos nutrimos de la misma fuente, como en la película *Avatar*, y que tú no puedes estar del todo bien si tus hermanos pasan penurias. Siguiendo con la metáfora del mar, vamos en el mismo barco, y si naufragamos, naufragamos todos.

Aunque siempre he practicado la generosidad, desde mi "leñazo" de Berlín decidí ir un paso más allá y practicar el altruismo. En estos dos últimos años he creado varios proyectos solidarios, como un gastrobar cuyos beneficios van destinados íntegramente a obras benéficas. Lo he llamado *La vida es bella*. Los clientes, además, hacen pequeñas donaciones con las que servimos menús gratuitos a personas que no tienen para comer. Lo llamamos "el menú solidario". Estamos sirviendo unos 80 al mes. Y si los clientes no donan lo suficiente, asumo personalmente el coste.

También he puesto en marcha en mis empresas inmobiliarias una iniciativa de eso que llaman responsabilidad social corporativa. Cuando un cliente contrata mis servicios le doy un bono social de 500 euros para que los destine a una ONG de su elección. Esto, ha duplicado mi capacidad de captación de clientes, aunque ese no era ni es mi objetivo. Pero como te decía al principio de este faro, hay una especie de ley de causa-efecto que hace que si practicas la solidaridad acabas recibiendo más de lo que das.

Estoy convencido de que el siglo XXI es de las empresas que comparten parte de su éxito con la comunidad. Por eso he cofundado con un grupo de maravillosas personas Malaga Quality, una plataforma de empresarios con corazón de Málaga para impulsar acciones sin ánimo de lucro. Nuestra idea es expandirla por toda España. Para formar parte de ella el principal requisito es ser una pyme y tener ganas de devolver a la comunidad parte de lo que ganas. Es algo que ya hacen las grandes empresas, pero que no se suele hacer a nivel de pymes y micropymes. También exigimos que tengan una buena reputación, una trayectoria demostrada, y que sean generosas y creen sinergias con el resto de empresas de la asociación.

Otro de los proyectos que he puesto en marcha es una galería de arte solidario. En ella vendo mis cuadros por 100 euros, que destino íntegramente a obra social. Soy sólo un pintor aficionado, pero he vendido ya... ¡más de 150 cuadros! Los puedes ver en mi perfil de Facebook. No sé si tengo talento para pintar, pero lo hago con amor y lo entrego al universo, que se encarga del resto. Lo mismo que con este libro, que por supuesto es también solidario, como habrás visto al inicio: el 100% de los derechos de autor derivados de su venta se donarán íntegramente a proyectos de ayuda a niños en riesgo de exclusión social. Así que al comprarlo ya has hecho una obra. ¿Te das cuenta de cómo la generosidad atrae más generosidad?

"El altruismo es ir un paso más allá de la generosidad. Es como la generosidad al cuadrado. Es ayudar absolutamente desde el corazón, sin estrategias ni expectativas."

Ser buena persona es el único título que no te pueden dar en ninguna universidad. Te lo tienes que ganar día a día con tus actos bondadosos, pequeños o grandes. Para los budistas, la bondad es la máxima virtud. Como dice el filósofo francés Alexandre Jolien, "la máxima inteligencia se llama bondad".

Al final de la vida somos lo que dejamos en los corazones de los demás. Somos efímeros, pero si dejamos cariño, ternura, alegría y, en general, bondad, siempre seremos recordados. Dedicar mucho dinero a causas benéficas sólo puedes hacerlo cuando tienes el bolsillo lleno, no nos engañemos, pero ser amable, dar las gracias, repartir abrazos y elogiar las virtudes ajenas es algo que todo el mundo puede hacer, con independencia de su nivel de ingresos o de su posición social.

En este mundo hace mucha falta la ternura. Cuando tratas a alguien con ternura, cuando le dices "te veo y me importas", le haces un regalo maravilloso. ¿Por qué nos reservamos los elogios y los "te quiero" para cuando las personas queridas se mueren? Digamos todo eso en vida. No sólo le haremos un favor a estas personas, sino que nos sentiremos mucho mejor. ¡Todo son ventajas!

Todos tenemos algo bonito, alguna virtud, algún talento, algún brillo. El problema es que a veces no nos queremos y no sabemos verlo. Por eso es fantástico que alguien venga y nos diga: "Tú vales mucho y creo en ti". ¡Es un chute de energía! Es lo que algunas personas necesitan para volver a mirarse al espejo y descubrir (o redescubrir) sus talentos sepultados. ¿Sabes el bien que puedes hacer con un simple "creo en ti"? ¿Con un "me importas" o un "te quiero"?

Rompe barreras y supera la vergüenza. Todo el mundo a tu alrededor, incluso los más gruñones, están deseando escuchar palabras de cariño y de ánimo. A veces sólo necesitan un empujoncito para cambiar totalmente su actitud, pues no son capaces de cambiarla por sí mismos. Tú puedes ser su inspiración. Tú puedes ser, con tus pequeños actos cotidianos, el cambio que quieres ver en el mundo, como dijo Ghandi.

"Somos lo que dejamos en los corazones de los demás."

Faro 12: DISFRUTE
La vida es un viaje: disfruta del paisaje

"La vida es una obra de teatro que no permite ensayos. Por eso canta, ríe, baila, llora y vive intensamente cada momento antes de que el telón baje y la obra termine sin aplausos".
Charles Chaplin, actor, director y productor.

Hay una famosa conferencia en YouTube del *speaker* motivacional Viktor Kuppers donde explica que hay personas que van por la vida como una bombilla de 10.000 watios y otras que va como apagadas. La primera vez que lo vi pensé: "El de la bombilla soy yo, pero en vez de 10.000 watios yo voy a 100.000". Los que me conocen saben que, aunque soy andaluz, no exagero. Soy como el conejito aquel del anuncio de Duracell: "Y duran y duran y duran..." (si tienes cierta edad seguro que sabes cuál te digo).

Hay quien me pregunta cuál es mi secreto. Sólo tengo uno, pero es muy potente: dedico la misma cantidad de energía a trabajar que a disfrutar. O sea, igual que tengo una gran capacidad de trabajo, tengo también una enorme capacidad de disfrute. Eso es lo que hago desde hace años: trabajar y celebrar, celebrar y trabajar. Y siempre agradeciendo las dos cosas: tanto la posibilidad de trabajar como la de celebrar.

La mayor parte de personas tienden a dedicar más energía a una cosa o a la otra. O disfrutan mucho y trabajan poco o trabajan mucho y disfrutan poco. De estos últimos hay cada vez más, supongo que por culpa de una sociedad que nos empuja a competir y competir. Se enfocan en el trabajo y no se permiten disfrutar, incluso se sienten culpables cuando dedican tiempo al ocio porque creen que están perdiendo eficacia u oportunidades.

A lo largo del libro has visto que he hecho en varios momentos una apología sin paliativos del esfuerzo, del trabajo y de la perseverancia. Soy un convencido de la meritocracia, supongo que porque yo mismo soy un ejemplo de que es posible alcanzar una buena posición social viniendo desde abajo si te esfuerzas por aprender y trabajas con entusiasmo. Pero eso no quita que haya que dedicar tiempo al disfrute sin culpa. Es, de hecho, una de las mejores inversiones que puedes hacer, sobre todo cuando es un disfrute compartido con amigos, familia, compañeros de trabajo, etc. El esfuerzo, el método y la constancia son esenciales para el éxito, pero si no los alternas con la diversión y la alegría te conviertes en una persona amargada y acabas por amargar a los que tienes alrededor.

La vida es un viaje y hay que disfrutar del paisaje. El destino es tan importante como el camino. Por eso, cuando planifiques tus objetivos no te olvides de reservar momentos de descanso y de goce. Por ejemplo, si en Navidad te haces un *planning* para el año siguiente, empieza marcando los días que te reservas para irte de vacaciones, para hacer cosas con tu pareja o tu familia o sencillamente para descansar. ¡Y luego respétalos! ¿De qué te servirá ser el más rico del cementerio si te mueres amargado/a?

"Eso es lo que hago desde hace años: trabajar y celebrar, celebrar y trabajar. Y siempre agradeciendo las dos cosas: tanto la posibilidad de trabajar como la de celebrar."

Uno de mis lemas, que repito a todo aquel que se cruza en mi camino, es la suma de dos expresiones latinas muy conocidas que yo junto en una sola: "*Carpe diem, tempus fugit*". Sería algo así como "aprovecha el momento, el tiempo vuela". Y no le añado aquello de "*memento mori*" ("recuerda que eres mortal") para no hacerla demasiado larga.

El caso es que la repito mucho, principalmente porque estoy convencido de su verdad, pero también porque me gustaría que todo el mundo viviera consciente de que cada momento es único y tiene que aprovecharlo. Incluido/a tú, que me haces el honor de leer este libro. Porque cuando eres consciente de eso no pierdes el tiempo en cosas absurdas como lamentarte o autocompadecerte. Te levantas y te enchufas a la vida. Y aunque tengas que solucionar problemas o batallar con pandemias, vas todo el día enchufado, con ganas de aprender, de compartir, de ayudar. O sea, de vivir.

En realidad sólo hay dos actitudes posibles ante la vida cuando te levantas por la mañana y te miras al espejo:

- Agradezco lo que tengo y sigo trabajando para lograr lo que quiero.
- Me quejo de lo que no tengo y critico a los que sí tienen.

Con la primera seguramente pasarás un día estupendo e irás a dormir satisfecho/a, mientras que con la segunda te vas a amargar y vas a amargar a los que te rodean. ¿Cuál eliges? Piénsalo bien, porque depende sólo de ti. Si tienes algún poder, es este: elegir tu actitud ante la realidad. Tú puedes elegir que vas a disfrutar de la vida aunque la vida te lo ponga difícil. Lo dijo Confucio: "Aprecia lo que tienes mientras trabajas por lo que quieres".

No puedes esperar a tener tal cosa o alcanzar tal objetivo para ser feliz, porque se te puede pasar la vida esperando mejores tiempos. Como dice aquella conocida frase de John Lennon, "la vida es aquello que pasa mientras estás ocupado haciendo otros planes".

Para disfrutar tienes que vivir en el presente, que es el único momento real. Es imposible que disfrutes si estás lamentándote por lo que hiciste o no hiciste en el pasado o preocupándote por lo que puede suceder en el futuro. Tienes que estar plenamente en el presente. A veces esto nos supone un esfuerzo, pues nuestra mente está programada para ayudarnos a sobrevivir, no para ayudarnos a disfrutar. Esa es la razón por la que la mente se va constantemente al pasado (para revisar lo que sucedió y aprender) y al futuro (para adelantarse a posibles peligros). Esto puede ser muy útil, pero nos aleja del necesario disfrute. Por eso tenemos que desconectar la mente de vez en cuando. Hay quien lo logra con el deporte, otros con el baile, otros con la música, etc. Yo lo logro con la pintura. Me pongo delante de un lienzo con una idea y durante dos o tres horas no pienso en nada, simplemente me dejo llevar. Entro en flujo con el proceso creativo.

Me pasa lo mismo cuando salgo con amigos. Si algún día nos conocemos en persona verás que no te exagero cuando digo que soy un *showman*. Lo tengo casi todo: bailo, canto karaoke, cuento chistes, etc. O sea, un payaso integral. ¡Toco todos los palos! Pero no lo hago de una manera forzada, me sale natural. También tengo mis malos días, claro, pero incluso en ellos procuro encontrar momentos de desconexión y de placer compartido.

¿Tienes localizada tu actividad (o actividades) para desconectar la mente un rato cada día? Si no, piensa un poco y experimenta con diferentes opciones. La mente, como el cuerpo, también necesita su reposo diario.

"Me gustaría que todo el mundo viviera consciente de que cada momento es único y tiene que aprovecharlo."

La alegría es la piedra filosofal, lo que transforma toda experiencia en algo luminoso, brillante. Puedes haber ganado mucho dinero, tener muchas propiedades o ser muy admirado, pero si no tienes alegría no tienes nada. Y si no te has divertido por el camino, has pagado un peaje demasiado caro. Escuché una vez a Luis Galindo decir, en una de sus conferencias, que ante las dificultades de la vida hay que poner el doble de esfuerzo, el doble de trabajo y el doble de pasión. A la salida lo saludé y le dije: "Totalmente de acuerdo, Luis, pero añadiría algo: también el doble de diversión".

Si cuando estás en el lecho de muerte miras atrás y sólo ves esfuerzo y lucha, seguramente te morirás infeliz. En cambio, si recuerdas lo bien que te lo has pasado, el amor que has dado y has recibido, te vas por la puerta grande. Es estupendo y muy meritorio ser el mejor de tu promoción o montar una gran empresa o escribir diez libros, pero si no te lo has pasado bien haciéndolo te vas a morir triste y amargado.

La alegría no está tanto en los logros como en la actitud. Puede ser una alegría serena o exaltada, según el carácter de cada cual y su momento vital. Yo soy de la segunda, o sea, de la cofradía del entusiasmo. El entusiasmo es una energía brutal, capaz de mover el mundo y de saltar cualquier obstáculo. De hecho, el mayor éxito en la vida es mantener el entusiasmo a pesar de los reveses de la vida. Lo dijo Winston Churchill en una frase que me encanta: "El éxito es ir de fracaso en fracaso sin perder el entusiasmo".

No esperes a que la vida sea perfecta para disfrutar. Si lo esperas, nunca llegará. En cambio, si tienes fe en la vida y haces lo que esté en tu mano, vivirás momentos únicos e inolvidables. Nos falta a todos un poco más de fe, y no hablo en un sentido religioso, sino de fe en nosotros mismos y en la vida. Queremos tener respuestas para todo, pero a veces basta con tener esperanza. Con esperanza, alegría y esfuerzo tendrás una vida digna y satisfactoria, sean cuales sean tus circunstancias. Si no, sufrirás. ¿Quieres sufrir?

Nos pasamos la vida en nuestra paranoia mental, inventándonos motivos para sufrir: que si me falta un coche, que si necesito un viaje, que si mi pareja no me quiere, que si en el trabajo no me reconocen, etc. Somos unas máquinas perfectas de amargarnos la vida. ¿Por qué no pruebas a cambiar el foco y ponerlo en el agradecimiento, en la humildad, en la alegría y en la esperanza en lugar de ponerlo en la ambición, en la vanidad, en la rabia y en el pesimismo? ¿Eres consciente de que tu vida es un milagro y que un día vas a mirar atrás y te darás cuenta de que ha pasado como un suspiro? ¿Qué quieres sentir en ese último momento?

El tema, al final, es elegir entre la inconciencia y la conciencia. El tema es despertar y, sobre todo y como decía en algún faro anterior, mantenerse despierto/a. Lo único verdaderamente urgente es vivir. Por eso, mi deseo para ti es el de esta antigua plegaria hebrea :

"Que tus despertares te despierten. Y que al despertarte, el día que comienza te entusiasme.

Y que jamás se transformen en rutinarios los rayos del sol que se filtran por tu ventana en cada nuevo amanecer.

Y que tengas la lucidez de concentrarte y de rescatar lo más positivo de cada persona que se cruza en tu camino.

Y que no te olvides de saborear la comida, detenidamente, aunque sólo sea pan y agua.

Y de encontrar algún momento en el día, aunque sea corto y breve, para elevar tu mirada hacia lo alto y agradecer por el milagro de la salud, ese misterioso y fantástico equilibrio interno.

Y que logres expresar el amor que sientes por tus seres queridos.

Y que tus abrazos abracen. Y que tus besos besen.

Y que los atardeceres no dejen de sorprenderte, y que nunca dejes de maravillarte.

Y que llegues con satisfacción al anochecer por la tarea realizada durante el día. Y que tu sueño sea calmo, reparador y sin sobresaltos.

Y que no confundas tu trabajo con la vida, ni tampoco el valor de las cosas con su precio. Y que no te creas más que nadie porque sólo los ignorantes desconocen que no somos más que polvo y ceniza.

Y que no te olvides ni por un instante que cada segundo de la vida es un regalo, un obsequio y que si fuéramos realmente valientes, bailaríamos y cantaríamos de alegría al tomar conciencia de ello.

Como un pequeñísimo homenaje al misterio de la vida que nos abraza y nos bendice."

"La alegría es la piedra filosofal, lo que transforma toda experiencia en algo luminoso, brillante."

La vida es un misterio y hay que vivir la belleza del misterio. No sabemos de dónde venimos ni por qué venimos, no sabemos a dónde vamos ni cuando nos vamos. Así que sólo nos queda vivir lo único que sabemos que tenemos: esta vida.

Como te decía, es importante trabajar y luchar por nuestros sueños, pero no hemos nacido aquí sólo para pagar facturas y llenar neveras. Todos tenemos un don que entregar al mundo, algo que dar, ya sea pequeño o grande (el tamaño importa, pero es relativo) y tenemos que darlo, porque de lo contrario seremos unos desagradecidos y probablemente unos desgraciados.

Basta ya de hiperventilar. Lo único que tienes que hacer es vivir en paz, vivir en calma, vivir en serenidad. Y priorizar las cosas importantes. ¿Cuáles son? Las que tú elijas. Nadie puede decirte lo que es importante para ti. Ahora bien, si quieres te daré una pista de lo que suele ser importante para las personas. Lo explica Bronnie Ware en su libro *Los cinco mandamientos para tener una vida plena*. En él recoge testimonios de personas que antes de morir se arrenpentían de una serie de cosas, en concreto estas cinco:

1. Vivir la vida que otros deseaban (padre, madre, pareja, etc.) en lugar de ser valiente para vivir la mía.
2. Dedicarle demasiado tiempo al trabajo y poco a la familia.
3. No mostrar abiertamente mis sentimientos.
4. No mantener la relación con viejos amigos.
5. No permitirme ser más feliz.

¿Te das cuenta? En realidad es muy sencillo: sé valiente para vivir la vida que tú quieres, dedica tiempo a la familia y los amigos, muestra tus sentimientos y date permiso para ser más feliz. A lo mejor tú decides que para ti las cosas prioritarias son otras, pero tal vez esto debería hacerte pensar un poco.

¿Por qué estas personas no hicieron las cosas que les hacían felices? Te diré mi teoría: porque se despistaron, porque se dejaron llevar por lo que otros pensaban que era importante, porque quisieron demostrar su valía de formas que no les proporcionaban felicidad. Estaban distraídas o dormidas y no hicieron lo que realmente querían. Lo que daba sentido a sus vidas y las hacían disfrutar. ¿Vas a dejar que te pase lo mismo?

Al final basta con aceptar el regalo de la vida. Sólo por nacer ya has triunfado. Todos somos milagros con piernas, porque lo fácil, estadísticamente, es no estar vivos. Tú ya eres un milagro, eres único/a, no necesitas nada porque ya lo tienes todo de serie. Sólo tiene que armonizarte, encontrarte, abrazarte y aceptarte. Aceptar, como digo, el regalo de la vida. Vivimos con miedo porque no hemos aceptado ese regalo, un regalo tan obvio que lo obviamos.

"En realidad es muy sencillo: sé valiente para vivir la vida que tú quieres, dedica tiempo a la familia y los amigos, muestra tus sentimientos y date permiso para ser más feliz."

Faro +1: ....

Es posible que al ver el título del libro hayas pensado: "Este autor es supersticioso". Pero no. Ese 12+1 tiene otro motivo: yo tengo mis 12 faros-valores, que son los que te he descrito hasta aquí, pero seguro que hay alguno especialmente importante para ti que no está entre esos 12. Y como quiero que este libro sea realmente una guía para ti, que lo tengas siempre a mano por si algo zozobra en tu vida, te propongo que lo incluyas aquí también.

Lo he llamado +1, pero he dejado a continuación un espacio para que tú le pongas el nombre que quieras. También puedes dibujar tu propio faro, pues como has visto no he dibujado ninguno al inicio de este capítulo. Y a continuación te dejo espacio para que lo describas, para que hagas tus propias reflexiones y expreses tus conclusiones. Con esta aportación el libro sí quedará completo.

Si crees que me he dejado algún faro importante para ti, descríbelo en las siguientes páginas en blanco:

Un regalo de despedida

Como te decía en un capítulo anterior, lo más difícil en la vida es despertarte... y lo segundo más difícil mantenerte despierto. Lo fácil es perderse, despistarse, ir a la deriva. Hace falta un esfuerzo para mantener el rumbo, no un rumbo impuesto por la sociedad, por lo que se supone que tenemos que hacer, sino escogido por uno mismo, por una misma.

Este libro, como te explico desde el principio, pretende ser una ayuda para despertarte o mantenerte despierto, según el momento de tu vida en que te encuentres y el trabajo previo que hayas hecho. O, también, un espejo para que te mires por dentro y por fuera cada cierto tiempo y detectes qué parte de tu motor no funciona como debería.

Aunque puedo imaginarlo, no sé cómo se sentían aquellas personas cercanas a la muerte entrevistadas por Bronnie Ware. Pero sí se una cosa: debe ser horrible mirar atrás y darte cuenta de que sólo has deambulado sin rumbo y sin propósito. Por eso es importante parar cada cierto tiempo y revisarte, hacerte una especie de ITV, de chequeo "espiritual". Por eso, para acabar el libro me gustaría regalarte un cuadro-guía para que una vez al mes durante un año revises cómo te encuentras, si estás actuando de acuerdo con tus valores y en qué medida. Te lo muestro en la siguiente página:

FARO-VALOR	Mes 1	Mes 2	Mes 3	Mes 4	Mes 5	Mes 6	Mes 7	Mes 8	Mes 9	Mes 10	Mes 11	Mes 12
1. Confianza												
2. Honestidad												
3. Humildad												
4. Integridad												
5. Compromiso												
6. Atención												
7. Trabajo												
8. Resiliencia												
9. Aptitud												
10. Libertad												
11. Generosidad												
12. Disfrute												
+1												

La forma de completarlo es muy sencilla: durante el próximo año, el último día de cada mes revisa los 12+1 valores y puntúalos del 1 al 10. Si no estás seguro/a de alguno de ellos, relee el capítulo correspondiente. Y después haz tus reflexiones. No se trata de sumar las puntuaciones y ver si en general estás bien o mal, sino de analizar la puntuación de cada valor, ver qué está fallando y decidir alguna acción para mejorar (método Kaizen, ¿recuerdas?). Por ejemplo, si puntúas la confianza con un 6 porque sientes que últimamente te falta la confianza en ti, pregúntate qué puedes hacer para aumentarla. Y si no sabes qué hacer, consulta con un/a psicólogo/a que te oriente un poco. No es ningún demérito ni ninguna vergüenza pedir ayuda. Todos la necesitamos en algunos momentos de nuestra vida.

No te pongas excusas para dejar de hacerlo. Seguro que algún mes tendrás la tentación de dejarlo y tu mente encontrará fantásticos argumentos para autosabotearte, porque no es fácil mirar adentro y aceptar que estamos traicionando nuestros valores. Es como ir al médico cuando sabes que te dirá que tienes el colesterol por las nubes y tienes que dejar de comer embutidos. Pero recuerda que es la única manera de mirar atrás algún día y sentirte satisfecho/a de tu vida. Cambiar requiere esfuerzo y a veces es doloroso, pero es la única forma conocida de mejorar, de ser una mejor versión tuya, incluso de impactar mejor en el mundo. Al final eres lo que haces con tu vida.

Practicando este ejercicio de autorrevisión que te propongo durante un año lo interiorizarás y ya no necesitarás mirar la tabla-guía ni puntuar cada faro. Es importante, no obstante, que sigas haciéndote tu autodiagnosis, tu ITV espiritual, cada cierto tiempo, por ejemplo cada final de año. Y si te animas a subir un poco más, a ser un sherpa de ti mismo, puedes añadir las cuatro que vimos al principio del libro:

¿Quién soy?

¿A qué he venido?

¿Con quién quiero compartir este viaje?

Y, finalmente, ¿estoy en mi camino?

No olvides que tú y sólo tú tienes acceso al timón de tu barco. Eres el capitán de tu barco, o sea, de tu alma. Y, como también dice el famoso poema de William Ernest Henley, el amo de tu destino.

Despedida

Toda travesía se compone, como la propia vida, de diferentes etapas. Cada cierto tiempo necesitamos parar en un puerto seguro para poner los pies en tierra firme y retomar fuerzas. Me siento, en cierta forma, como un puerto en el que has parado durante un tiempo para reparar las velas, cargar las bodegas y partir de nuevo. Siguiendo con esta metáfora, ha llegado el momento de despedirte y despedirme.

Te deseo una feliz travesía, llena de aventuras, de aprendizajes y, sobre todo, de sentido. Nada me gustaría más que haberte ayudado, aunque sea un poco, has enderezar tu rumbo y llegar a tu destino deseado, sea el que sea. Mi intención no ha sido otra que la de aportarte un poco de luz y recordarte unos valores-faros que a mí me han servido para encontrar mi dirección, alcanzar mis objetivos y disfrutar de una vida plena.

Desde que naces hasta que alcanzas la mayoría de edad no eliges casi ninguna de las cosas importantes de nuestra vida. No eliges tu sexo ni tu nombre ni tus padres ni tu religión ni tu colegio... Después, durante tu juventud, estás sometido a una avalancha de mensajes que te empujan a trabajar, ganar dinero y consumir. A comprar un coche, casarte, comprar un piso y pagar religiosamente tus facturas. Pero no has venido a este mundo sólo a pagar facturas. Tu existencia tiene un sentido: el que tú quieras darle. Ahora ya puedes elegir. ¿Vas a delegar tus elecciones en otros? ¿Vas a renunciar a tu poder?

Estoy seguro de que no. Estoy seguro de que la vida ha cruzado nuestros caminos por y para algo. Y no te puedes imaginar lo feliz que me hace estar en tu vida y que tú estés en la mía.

Hasta pronto, hasta siempre.

Agradecimientos

Normalmente los agradecimientos se escriben al final del libro, y así lo estoy haciendo. Sin embargo, el libro entero es para mí un ejercicio de gratitud por lo mucho que me ha dado la vida: mis padres, mis hermanos, mis profesores, mi mujer, mis hijas, mis amigos, mis experiencias, mis aprendizajes... ¡Incluso mis crisis!

Soy un producto de lo que la vida me ha regalado, de lo que ha puesto en mi camino, por eso vivo en un estado de gratitud permanente.

Doy gracias a Dios cada día por haber nacido, por tener una familia que me ha arropado y cuidado, por todas las personas que han creído en mí y me han ayudado a configurar mis valores y mi personalidad.

Y a ti, querido lector, querida lectora, te doy las gracias por hacerme el regalo de leerme, de permitirme estar a tu lado, ofreciéndote un poco de ternura y de luz. Y como los derechos de autor derivados de la venta de este libro se donarán íntegramente a proyectos de ayuda a niños en riesgo de exclusión social, te invito a que lo recomiendes a tu entorno y en tus redes sociales, de modo que entre todos podamos crear una gran cadena de favores.

Gracias, gracias, gracias.

Escanea el código QR y elige qué hacer.

Puedes descargar la plantilla del método, seguirnos en redes sociales para ayudar a más personas a conocer el método. Inscribirte en nuestros cursos.

Facebook

https://www.facebook.com/metododocemasunfaros/

Instagram

https://www.instagram.com/metododocemasunfaros/

Twitter

https://twitter.com/docemasunfaros

Web

https://www.metododocemasunfaros.com/plantilla